全国小学生校园美文精品集萃丛书

七色阳光小少年

不一样的[illegible]

《语文报》编写组 编

时代文艺出版社

图书在版编目（CIP）数据

不一样的爱 /《语文报》编写组编．—长春：时代文艺出版社，2018.8（2023.6重印）
（“七色阳光小少年”全国小学生校园美文精品集萃丛书）

ISBN 978-7-5387-5852-8

Ⅰ. ①不… Ⅱ. ①语… Ⅲ. ①作文－小学－选集 Ⅳ. ①H194.4

中国版本图书馆CIP数据核字（2018）第110013号

出 品 人　陈　琛
产品总监　郭力家
责任编辑　王金弋
装帧设计　孙　利
排版制作　隋淑凤

不一样的爱
《语文报》编写组 编

出版发行 / 时代文艺出版社
地址 / 长春市福祉大路5788号 龙腾国际大厦A座15层 邮编 / 130118
总编办 / 0431-81629751 发行部 / 0431-81629758
官方微博 / weibo.com / tlapress
印刷 / 北京一鑫印务有限责任公司
开本 / 700mm × 980mm 1 / 16 字数 / 153千字 印张 / 11
版次 / 2018年8月第1版 印次 / 2023年6月第5次印刷 定价 / 34.80元

图书如有印装错误 请寄回印厂调换

编 委 会

目录

书本里的蚂蚁

我与颜色的故事

藏在冬日里的童年

小蚂蚁特别烦恼

一阵风的琐碎记忆

雏菊也可歌

书本里的蚂蚁

一只小蚂蚁慢慢地顺着花枝，爬到了花蕊上面，睡觉去了。过了几天，一个小姑娘看见了这朵美丽的花，便摘下了它，夹在了一本书里。当然，小蚂蚁也被一起夹进了陈旧的书里。

一张假钞的心里话

张　杨

我是人人都讨厌的一张假钞，是一张一百元大假钞。

我来自一家制造假钞的工厂，那些坏蛋制造了我，让我流入社会，危害人类，当时我还是一张崭新、漂亮的一百元。

那些坏蛋先把我传给了计程车司机，那是一个黑灯瞎火的夜晚，坏蛋们乘着计程车回家，为了交齐路费，那些坏蛋竟从口袋里拿出了“我”，把我交给了计程车司机，从此，我就踏上了社会旅行之路。

当司机发现“我”是一张假钞时，心就凉了半截儿，不一会儿，司机的心里就默默打起了如意算盘。

无巧不成书，正当司机发愁怎么把我用掉的时候，来了一名醉汉，于是，司机利用找钱的方式把我转给了醉汉。直到第二天早上，醉汉才发现是一张假钞，后悔不已，又打算把假钞用出去，他心里一直在思考着……

直到有一天，他到家对面的小卖铺里买东西，正好有一位老眼昏花的老奶奶在看店，醉汉心里暗暗高兴，将我放到了老奶奶的手里，老奶奶看不清楚，便收了这张一百元大钞。“终于把钱用出去了”醉汉心里高兴极了。

等那位老奶奶反应过来时醉汉早已逃之夭夭了，老奶奶也不能见自己吃亏，又把我送给了一位年轻的阿姨，这位阿姨见老奶奶那么慈祥，也不辨认，就收下了，这时，我已是一张破烂不堪的假钞了。

当阿姨去银行存钱时，就从皮包里拿出了我，当时我还在想：我要是多长一条腿就好了，不用进了点钞机，也不用流入社会……想着想着，我已经被解下了带子正准备要进点钞机进行辨认，一张，两张，三张……点钞机飞速地前进着，马上就要轮到我了，点钞机毫不犹豫地叫了起来，工作人员有些疑惑，又试了一遍，点钞机又响了，接二连三地又试了几遍，点钞机还是响了，这时，阿姨的脸上露出了气愤的表情，可能在心里生老奶奶的气吧!

“我真倒霉，净遇上这种事。”正当我自责的时候，工作人员在我身上印上了两个字“假钞”，并把我的代码输入了电脑。

从此，我身上留下了永远抹不去的两个大字，永远待在了那个不见天日的保险箱里。我埋怨人类，可又有什么办法呢！我深深地叹了口气。

书本里的蚂蚁

陈梓溯

古老的墙角，开出了一朵红色美丽的小花，一只小蚂蚁慢慢地顺着花枝，爬到了花蕊上面，睡觉去了。过了几天，一个小姑娘看见了这朵美丽的花，便摘下了它，夹在了一本书里。

当然，小蚂蚁也被一起夹进了陈旧的书里，变成了一只扁扁的小蚂蚁。喂，“你是字吗？”小蚂蚁听到声音后慌了，就自言自语地说：“书也会讲话吗？”小蚂蚁低下头一看，原来是字在跟我说话啊。小蚂蚁很高兴，遇上了一些会说话的字。“你是蚂蚁吗？”字问。“是的，我是一只被书夹得扁扁的蚂蚁，但我很乐意当字！”蚂蚁答。“我们也跟蚂蚁一样小。”字不好意思地说。从此，字就和蚂蚁一起生活在书里。

小蚂蚁天生就很好动，第一天住在书里就很兴奋地跑来跑去，一会儿跑到了五十页的家，一会儿跑到一百页的家，一会儿跑到二百页的家。都要把整本厚厚的书跑遍了。字们都很好奇，都觉得自己应该向蚂蚁学习，不能待在家里什么也不做。后来，字们也像小蚂蚁一样跑来跑去，每天生活自由自在，快乐极了。

有一天，小姑娘忽然想起了自己上次摘的那朵花，就打开那本陈旧的书，看了看。过了一会儿，小姑娘觉得不对劲儿，就想：“这不是我已经看完的书吗，怎么会有不同的故事情节呢？”小姑娘觉得太奇怪了。到了第二天，小姑娘忍不住又翻开书本，又看了一遍，发现故事情节又不一样了。再读的时候，小姑娘无意中发现了正在书页上散步的小蚂蚁。就问：“你是谁，怎么在我的书页上走路？”小蚂蚁答：“我是一只扁扁的小蚂蚁，只是被书夹的很扁，是跟花一起被夹进书里的，之前你看的书之所以内容发生变化是因为字也跟我一样，每天都在书页上走路，所以故事情节才不一样。”小姑娘终于明白了为什么故事会变化了。

接下来的日子里，字和蚂蚁天天散步，每天都有新的有趣故事产生，小姑娘也天天看书。有一天小姑娘发现一个字走得太远，走到了封面上来了，但它并不想离家出走，字很伤心，它想回到家里去，后来，小姑娘帮助字找到了它的家，那一路上经历了许多问题，最后都解决了，字很感谢小姑娘，小姑娘也很高兴。

就这样，他们快乐、休闲、自由自在地过着生活。

拜　年

何易宸

新年到了，黄鼠狼又在做准备，准备给鸡拜年，黄鼠狼给鸡拜年——没安好心，就是出自这里的。

然而这次新年却不同之前，这次出现了一只奇葩的鸡，这只母鸡准备带上所有的小鸡一起去给黄鼠狼拜年，真是鸡给黄鼠狼拜年——自寻死路。当鸡妈妈对着小鸡们宣布完这消息时，场面一下子乱了起来，一只最早出生而且最勇敢的小鸡来到鸡妈妈面前，迫不及待地想和妈妈一起去，一只年纪最小且贪吃的小鸡问妈妈："妈妈，黄鼠狼是什么毛毛虫？好吃吗？我为什么没吃过呢？"几只胆小的早就四处逃窜，最后鸡妈妈硬是把它们拖走了。

一路上鸡妈妈的教导都没停过，什么"见到别人要问好"等等。来到黄鼠狼家门口时候，鸡妈妈见黄鼠狼家门口放着鞭炮，门的两边挂着春联，满满的过节气氛。鸡妈妈小心翼翼地敲了敲门，黄鼠狼正好在家，它通过猫眼一看，这不就是小鸡一家吗？倒好，不用我去找它们了，它们反而自己送上门来了，想着，口水飞流直下三千尺了，又一阵敲门声，黄鼠狼顿时把心思收回，整了整衣衫，梳了梳头发，抹了抹口水，露出一脸笑容，打开了门，一反常态客客气气地把鸡家请了进来，只见黄鼠狼家里最明显的大铁锅里有着未烧开的水。这时，黄鼠狼露出它原本的面容，龇牙咧嘴地冲了过去，小鸡四处乱窜，扑腾着翅膀就跑，想逃出黄鼠狼家，回到鸡窝，可黄鼠狼早就把门锁了，黄鼠狼随着鸡跑来跑去，想抓这个，旁边却又跑出那只最早出生而且最勇敢的小鸡来，在黄鼠狼抓一只小鸡时，一不小心，脚踩到一根木棍，一滑，就掉进了那口大锅里，黄鼠狼在锅中扑腾，而小鸡们呢？早从容不迫地打开门，随着妈妈走了。

请不要践踏生命

陈舒怀

以前，每当老师提醒我们要注意交通安全时，我总感觉老师有些危言耸听，因为那些事离我们太远了，可是，上一周发生的一件事，使我的看法改变了。

那天中午，我像往常一样蹦蹦跳跳去学校上学。可刚到教室，我就发现同学们聚在一起交头接耳地讨论着什么。我坐下来，拍拍严莹的肩膀，问道："严莹，严莹，怎么了？为什么大家都聚在一起呀？"严莹回答道："难道你没有看新闻吗？中午十一点左右，一辆小轿车在凤港乱撞，到现在已经死亡三人，有六人正在抢救中呢！"死亡三人，六人正在抢救。这两个数字一直在我的脑海中盘旋。这件事情多可怕啊！凤港离我们学校多近啊！整个下午我时不时地想起这件可怕的事情。

好不容易熬到了放学，我迈着沉重的步子来到了妈妈的办公室。

我刚放下书包便激动地高声说起来：“妈妈，您看新闻了吗？凤港那出大事了！”“知道了，今天中午有个人开车在路上横冲直撞，当时正赶上凤港小学放学，好多学生都被撞了，一位老奶奶和三个孙子也被撞了，其中，一对姐弟死了。这真可怕啊！这个人真该千刀万剐，自己想不开也不能拿别人的生命开玩笑……”听着妈妈的讲述，我似乎可以想象那一幕幕令人毛骨悚然的场面：小车呼啸着从远处飞奔而来，它像一匹脱缰的野马冲进人群，同学们的欢笑声瞬间变成了悲惨凄凉的尖叫声。小车呼啸而过，只留下了无助、恐惧、呻吟。

这个人真是太可恶了！他这是对生命的肆意践踏。就因为他一时的冲动，多少个幸福、温馨的家庭遭到破坏，多少个美好的生命遭到摧残！听说死亡的人里还有一个准备去打预防针的婴儿，多么幼小的生命啊！他还没来得及多看一眼这美好的世界，生命之花就在这无情的车祸中凋零了。

花谢了，有再开的时候；草枯了，有再青的时候；鸟飞了，有再来的时候；而人死了，有再活的时候吗？没有。生命仅仅只有那么一次。所以，请不要践踏生命！

要和平不要战争

李梓潇

这是一张照片。一九三七年八月二十八日，上海火车站人来人往，热闹非凡。人们背着行李行色匆匆。有的人赶着去投亲访友，有的人赶着去求学，有的人赶着返回故乡……人们丝毫没有想到一场灾难即将来临。

忽然天空中传来敌机的轰鸣声，在人们没有做任何思想准备的情况下，几发炮弹从空中落了下来！上海火车站立刻变成了一片火海，人们顿时惊慌失措，四处逃窜。有的人被炸缺了腿，有的人被弹片划伤了，有的孩子被当场炸死了。桥梁断裂了，房屋倒塌了，轨道扭曲了……整个火车站一片狼藉。

当一切都归于平静的时候，从废墟中爬出了一个衣衫褴褛的孩子。他坐在扭曲的轨道上号啕大哭，哭得昏天黑地，声嘶力竭。这次轰炸让这个孩子永远失去了父母，成了孤儿。也许他后来被记者救走送到一所孤儿院里，也许他并没得救，总之人们只知道他从此以后成为一名孤儿。

这个孩子的未来将会是怎么样的呢？谁也不清楚。也许他将来会成为一个心理不健康的人，战争的阴影会永远困扰着他的一生，也许他会变成一名乞丐，也许他将来会成为一名木工或水泥工。总而言之，谁也不会知道这个孩子将来会成为什么，只记得他是一名孤儿。

我觉得我们十分幸福，因为我们有着洁白的教室，还可以在里面安全地读书，不会被枪弹打伤。还有快乐的家庭，有爸爸妈妈的呵护，每天都过得开心快乐。

和平是可贵的，也是短暂的。我们应该一起行动起来维护和平，让和平之神永驻人间。

溜旱冰真快乐

林涵烯

刚进入暑假生活，我就把作业“火速”完成了。本以为可以开开心心地过一个暑假，可这才发现暑假真是太无聊啦！除了玩电脑，还是玩电脑！这样的假期还怎么过呀。妈妈见状，于是便给我报了一个溜冰培训班。

因为第一天去溜冰，难免会有一点儿兴奋。我背着沉重的溜冰鞋，像灌了铅一样走着。还没一会儿我就累得满头大汗，便对妈妈说：“妈妈，今天为什么不开车去啊！累死人了！”妈妈却笑着说：“这在锻炼你，如果走这点儿步子就累得不行了，那还怎么溜冰啊！”

过了一会儿，我们就到达了目的地。看，教练正等着我呢！我迫不及待地飞奔过去，迅速地找了个座位坐下，换上了我那双漂亮的溜冰鞋。

我慢慢地站起来，一不小心，脚一滑，中心没稳住，便摔了个四脚朝天。还好我有带护具，不然的话我就要摔惨了！我有几次尝试着站起来，可就是站不稳。最后一次，我双手撑着地面，用力一顶，终于站稳了。

教练教我们站立的姿势。双腿八字脚站好，猫着腰，手放在背后，定住。我按照教练说的做，心中默念站立的步骤。我简直不敢相信自己的眼睛，我竟然做到了，太好了，我成功了！我心中暗暗自喜。教练见了表扬我，妈妈也鼓励我。我喝了一口水，又继续练习了起来。

时间过得真快，一堂有趣的溜旱冰培训也到此结束了。教练在妈妈面前夸我是一个溜旱冰的好苗子，我听了心里像喝了蜜一样甜，妈妈的脸上也露出了满意的笑容！

真感谢那段无聊的暑假时光，因为它让我交到了一位“新朋友”——溜旱冰！

快乐去哪儿了

张　翔

“唉！又没考上95分，回去一定要被批评了。”我走在放学回家的路上，想象着回家后妈妈失望的神情，叹了一口气。我抬起头，望着天空中飞翔的小鸟，心想：如果我也变成一只自由自在的小鸟在蔚蓝的天空中飞翔，没有任何烦恼，那该多好啊！

听妈妈说：“以前的作业很少，做完了，就可以开开心心地去玩了。在空地上跳绳、踢毽子、捉迷藏……”玩得大汗淋漓，可开心了。我在一旁听着，羡慕极了！可是我现在，有时作业要做到晚上十点多。就算眼皮困得直打架，也要做完了才能睡。唉！我又叹了口气。

我曾经看过一幅有趣的漫画，图上画着一个大鸟笼，鸟笼上面写着“学校”两个字，放假了一个小学生背着书包高高兴兴地走出这个大鸟笼，又被大人们扔进另一个更大的鸟笼——补习班。是啊！学校是一个鸟笼，每当周末假日，我们一走出校门，父母就给我们报了各种各样的补习班，我们又得进各种各样的鸟笼。唉！我伤心地叹了口气。

快乐你在哪儿？我在热闹的街道上寻找你，在洁白的教室里寻找你，在美丽的公园里寻找你……快乐，你到底在哪儿？

抬起头，我又看到一只小鸟在自由自在地飞翔着……

给后羿的一封信

张家畅

勇敢的后羿：

您好！特别感谢您，如果没有您，天上就会有十个太阳，把人热死，把植物的水蒸发掉，最后枯死。小溪里的水蒸发，大地也会烤焦。整个世界就会空无一物。

正是因为有了您，把其他的九个太阳射掉后，人们才不会热死；植物不会枯死；小溪里的水不会蒸发；大地也不会被烤焦了。就是因为这样，才会有美丽的世界。

现在这个世界，人们过着快乐的日 子；植物快活地生长；小溪叮叮咚咚地流淌；大地充满了生机。

其实，有很多生物都是您救的。比如，大树、花儿、小草、小动物……它们其实都非常想报答您。可是，它们不像我们人类一样可以写文章或者写感谢信来报答您。可是，我们相信，如果它们能像我们人类一样，可以写文章或写感谢信的话，它们一定会写很多很多的感谢信或文章来报答您!今天，我就代表它们对您说一声："谢谢！"

您是勇敢的后羿，您是人人都知道的后羿，您是世界闻名的后羿，你是拯救地球的后羿!

我们会永远记得你为人类所做的一切的！

此致

敬礼

张家畅

2017年12月2日

急躁夫人与耐心先生旅行记

黄世锦

"哎呀，你快点儿啊！就你这慢悠悠的速度，我估计走一千年也走不到机场。"急躁夫人不耐烦地说。

"别急，别急，急躁是慢性杀手。再说了，我们还有两个小时的时间。我们先检查一下门窗是否关了，煤气是否关上了，插头是否拔掉了。"耐心先生不慌不忙地说着。

"你个耐心先生，时间不等人，等下晚点了，飞机可就没了！"

急躁夫人在一旁一直跺脚，似乎要气炸了。

“对了，你知道怎么去机场吗？我们要出门先坐102路到新店，然后再坐54路去西湖公园……”

“够了，你给我闭嘴！如果我们今天赶不上航班，你就死定了！你有时间在这给我说闲话，还不如快点儿走呢！”急躁夫人打断了耐心先生的话。

终于，一个半小时后，他们坐上了前往埃及的飞机。

坐了一个小时，还没到埃及。急躁夫人大发雷霆说：“看看，看看，你买的是什么机票！让我坐上的是什么飞机！这飞机是蜗牛爬吗？我怎么还没到。”

急躁夫人的话引起了全机人的关注。一群人议论着，有的人说这个人是精神错乱了吗？也有的人说这个人心态也太……太……不好了吧！还有的人说这个人是没坐过飞机吗？

大家的话语引起了急躁夫人的不满。急躁夫人扯着嗓子喊：“够了，你们给我闭嘴。”

大伙反驳道：“明明是你先不对的。”

急躁夫人本想和大家争吵的，可是被耐心先生阻止了。耐心先生把急躁夫人的嘴巴捂住：“你别再吵了，这是公共场所，不是我们家。”

突然，他们的飞机在北京迫降，就这样，他们的埃及之旅就这样在北京结束了。

耐心先生安慰着急躁夫人：“我们下一次还有很多机会的，别太着急了。”

急躁夫人并没有把耐心先生的话放在心上，她大叫：“我的埃及啊，我的金字塔啊！”

世界蚊虫协会给蚊香制造厂的抗议书

吴岩林

尊敬的蚊香制造厂：

我们是“世界蚊虫协会”的代表，在这中秋到来之际，万家团聚之时，我们三个孩子的生命就在刚才又毁在你们制造出的蚊香的毒烟下，永远离开了它们的亲人和朋友。所以我们蚊虫协会所有成员向你们提出严重抗议！

我们就来说说今天的事：在今天下午两点左右，我们协会三位小朋友，着急赶着去上学，它们借道经过一间人类的房间，严格遵照《不叮咬人类约定》，没有对人类造成任何伤害。但是你们制造的蚊香散发出的毒烟熏到它们，它们无路可逃，不幸被熏死了！在得到消息后，它们的亲朋好友赶去援救它们，才到门口大家就昏过去了，还好一阵清风吹过，才免于丧生毒烟中。我们发现真正的杀手是你们！是你们生产的蚊香散发出毒气杀死我们的孩子，它们没有袭击人类，你们却毒杀了它们！它们是刚刚出生的幼蚊！我们只想让我们的孩子能健康地长大，我们有什么错，你们却向我们的孩子下毒手！地球是你们的家园，也是我们的家园。难道这地球是你们专属的吗？如果地球上没有了我们这些动物，你们也生存不了！

经过我们粗略统计，在短短一个月时间里我们已经有大约五百五十只同胞死在你们生产的蚊香毒烟下，它们平均年龄还不到三天！它们还是花季少年，还没来得及好好享受美好的生活就被毒害！一年来，已经有一百万只蚊虫被杀害！你们才是杀害蚊虫的凶手。我们蚊虫协会所有成员向你们提出严重抗议！警告你们马上停止制造蚊香！否则，我们就要采取行动了，对人类发动大规模攻击，到那时可不要怪我们！

我们要抗议！抗议！抗议！

世界蚊虫协会

2020年5月1日

胆小的鬼

叶静宜

1

井盖下，住着鬼母子，鬼孩子叫胆小，因为它的胆子很小。

母亲叫胆小出去吓唬人，可胆小就是怕，整天躲在家里，由母亲保护。母亲威胁它说："你再不去，我就把你赶出去，以后永远不要回来！"胆小被吓呆了，愣了一会儿，哭了，此时，胆小的母亲也心软了，天下哪有一个不爱孩子的妈呀！胆小的母亲也是为了等到老了，去世了以后，胆小的生活而着想呀！

胆小哭着出了门，看见路上行走的人们，又立刻躲了回来。但想起了母亲说的“永远不要回来了”那句话。只好硬着头皮，小心翼翼地靠近人们。唉！现在终于没人了。正当它放松警惕的时候，一个小女孩儿看见了它，但她并不害怕，反而抱起了它，好奇地看着它。

2

小女孩儿把胆小带了回家，怕被妈妈发现，只好偷偷地把它藏在自己的房间里。

鬼妈妈在家里焦急地等待着胆小的归来，心里不停地祈祷着：儿子一定要平安地回来，千万别出什么事啊！接着又责备自己为什么一定要让儿子一个人出去冒险呢？自己应该和儿子一起出去，慢慢地教会它如何生存，不能这么性急呀！

胆小在小女孩儿家里，心里很害怕，“咔咔”女孩儿房间的门被人推开了。它想起小女孩儿的叮嘱：无论是谁，你都要躲起来，不能让别人发现你，只有等我叫你了，才能出来，一定要记住了哦！于是，胆小不管三七二十一，就躲到床底下。“是我呀，出来吧！”小女孩儿轻声呼唤着。胆小听了，立刻从床底下爬了出来，脸上露出了会心的微笑。

3

胆小看见小女孩儿手上的食物，立刻伸手抢了过来，狼吞虎咽地吃了起来。它离家已经十几个小时了，到现在水米未进，饿极了。胆小品尝着人类的美食，情不自禁地想起了家里妈妈煮的每一道美味，想起了妈妈对它的疼爱……泪水不自觉地顺着脸颊流了下来。

鬼妈妈在家里煮好了胆小最爱吃的饭菜，等着胆小的平安归来。忙了一天的鬼妈妈已经筋疲力尽了，它的额上冒出了一颗颗豆大的汗珠，此时它多想躺下休息休息，可是一想到胆小还没回来，就无比的自责，哪有心情休息呢？只能无奈地在焦急中等待。

胆小吃完小女孩儿送来的美食后，开始和小女孩儿谈心。小女孩儿告诉胆小人类的生活习性，胆小也告诉她井盖下的生活。后来，胆小知道了小女孩儿的名字叫乔娜，只是个普通人家的孩子，生活过得并不富裕，但家庭却很温馨。胆小在乔娜家过了一夜。

4

鬼妈妈等了一夜，也不见胆小回来，桌上的饭菜早已经凉了。鬼妈妈出门去寻找胆小。一路上她哭喊着："胆小，胆小，胆小！"但始终不见胆小的身影。她坐在路边伤心地痛哭起来，心上就像被人划了一刀似的，身边有许多痛苦的事，但这件事最令它伤心难过了。

一大早天没亮，胆小就起床走了，它一夜没睡好，因为心里牵挂着妈妈。它离开乔娜家路过一所学校（这所正是乔娜在读的学校），准备去吓人。胆小使用了隐形术，在走廊上闲逛，八点多课间活动时，它突然看见乔娜被一个胖胖的男生欺负了，于是它走到胖男生面前做了个可怕的表情，把胖男生吓得瘫倒在地上，乔娜也吓坏了。当它与乔娜擦肩而过时，轻声地说："对不起，可能吓到你了。我只是想帮助你，请你不要将这件事放在心上。"

5

胆小又回到乔娜的家，家里空荡荡静悄悄的，只听到钟摆摇动的声音"嘀嗒、嘀嗒……"

四点半，孩子们放学了，乔娜的母亲——克斯娜夫人来接孩子回家。此时，乔娜的心中充满了恐惧，回忆起今天早上胆小那恐怖的样子，她吓得身体缩成一团，双手直颤抖。克斯娜夫人见乔娜不对劲儿，连忙问："宝贝，你怎么啦？是不是生病了？"乔娜一声不吭，也没看母亲一眼。克斯娜夫人没办法，只好先带她回家再说。一到家克斯娜夫人就帮乔娜向老师请了病假，希望她在家好好休息休息，养好了精神再去上课。

到了家，乔娜背着书包站在自己房间门口，双手颤抖着扶在门把上，始终不敢推门进屋，克斯娜夫人惊奇地问："怎么不进去呀？""里面有鬼！我怕，我怕！"乔娜脸色苍白。母亲不相信，径自推门而入，屋里空无一人，并没有女儿所说的鬼。于是便招呼乔娜进屋写作业。胆小见乔娜进来了，探出头来，"乔娜，乔娜！"它轻声地呼唤着小女孩儿的名字。"啊！鬼、鬼……"乔娜本能地尖叫着，跑出了房间。胆小见自己又吓着乔娜了，知道现在无法与她当面交流、沟通了，只好给乔娜写了一封信：

乔娜，很抱歉，早上我吓着你了！我要回家了，以后再也不能与你见面了，再见！

我家门前的小河

蔡梦薇

我家门前有一条小河，它总是哗哗哗地流着，唱着快乐的歌，我也不知道它到底流向哪儿。我常常去小河边玩。

小河旁边的小路上长着一排排绿油油的草，每隔一小段距离就有一棵高大的树，树旁种着一圈一圈的小花，五颜六色，这种花的花瓣只有我拇指头那么大。大树上经常会停着一些飞倦了的小鸟，叽叽喳喳地叫着。

一天清晨，爷爷六点钟就把我叫起来了，让我看看小河上有什么，我看了看窗外的小河，发现河中央的一小片石头上停着许多的鸟儿在那里觅食呢！

当天空下起蒙蒙细雨时，小河就像被蒙上了一层细细的薄纱，让人觉得就像是在梦境里一般。

晚上的小河别有一番景象，对面的楼房上闪烁着灯光，就像仙女把星星点点的图案洒落人间。偶尔河面上还会有几艘船游过，那景色像画一样美丽。

这条小河是我难忘的地方，因为它留下了我童年的美好。

我家人吃饭的样子

陈峻烨

大家好，我是陈峻烨，想了解我家人吃饭的样子吗？那就请看下面的内容吧！

我爸吃饭的样子，嗯……怎么说好呢？因为我爸常年在外，我很少观察这位“绅士”吃饭的样子。不过，有一点我是知道的，爸爸吃饭时都爱喝点儿小酒，他不喝酒的时候吃饭特快，总是三口并作两口地把饭吃得一点儿渣都不剩，简直快得像一阵风。

妈妈吃饭的样子很常见的，吃饭时总是爱问："儿子，今天妈妈煮的鱼好吃吗？"过几天又问："儿子，今天妈妈煮的肉太淡了吧！"这样的话我至少听了几千遍，当然我也回答了几千遍。我妈吃饭时，总爱摆个平板电脑在前面看个不停，不仅仅是吃饭，就连上厕所、睡觉、做家务、坐长途汽车都要拿个平板电脑看。

我吃饭可算是"一了百了"了！我吃饭不挑食，妈妈给我夹什么我就吃什么，几碗饭菜一下搞定，这种快也许是天生的，也有可能是向老爸学的。

你喜欢我家人吃饭的样子吗？嘻嘻，其实主要也就两口人。（爸爸常年在外，不包括哟！）

我与颜色的故事

天空仿佛也很高兴，晴空万里，阳光明媚。就像被那没有一点儿杂色的天蓝色油漆漆过一样。而且爸妈的心情也很好，也像被蓝蓝的天空感染了一样，一片灿烂！

我与颜色的故事

卓炫智

你知道吗？在我的生活中，许多事情都在与颜色打交道，你的生活中也有与颜色打交道的经历吗？如果没有就看看我是如何跟颜色打交道的吧！

天　蓝　色

“耶！”今天是星期六，我终于不要跟那些讨厌的文字和数字一起啦！今天天气格外好。天空仿佛也很高兴，晴空万里，阳光明媚。就像被那没有一点儿杂色的天蓝色油漆漆过一样。而且爸妈的心情也很好，也像被蓝蓝的天空感染了一样，一片灿烂！

红　　色

“向左转！”我们在火热的太阳下上体育课，火辣辣的太阳让我们睁不开眼睛，可是这并没有让体育老师受到影响，“站在太阳下五分钟！”老师一脸坚定。

火热热的太阳把我们的皮肤晒得发疼，头上的汗珠似乎也变成了火红色。唉！五分钟什么时候才能结束啊！

黑　色

“这么简单的题你也不会做！”这句话是我老妈的一声怒火，冲着我迎面而来。我的耳朵都快被震碎了。这声音传到了房间各个角落，似乎灰尘也吓了一跳呢！这时候，天气本来是下小雨的，细雨绵绵。结果被我老妈一吼，竟然打起雷来，太可怕了！早知道今天要考试，我就应该复习了。早知道今日，何必当初呢！

看到了吧，其实我们每天都在颜色身边，只是要细心才能发现藏在身边的它们！

给蓝天的悼词

陈晏敏

在你没有走之前，给世界带来了多少甜蜜与欢乐。

没有人知道你是什么时候悄悄地离去的。不过在你走以前，你的孩子白云，围绕着你，为你增添了许多明媚，太阳为你驱寒，让你不再寒冷。

我猜想，可能是有些可恶的人们，污染了你天蓝色的花衣服，让你很痛苦，也许是不好的空气，让你呼吸困难。

我希望，如果我能够回到过去，我一定尽力让你不要消失。

记得有一次“六一”儿童节，你用灿烂的微笑，给孩子们一个完美的“六一”，你是多么善良！

你悄悄地离去，你给你的孩子白云留下了一件灰蒙蒙的烂衣服，你给大地万物留下了一道不可磨灭的痛苦，还留下了一片灰蒙蒙的天。

安息吧，我会永远记住你的，最亲爱的蓝天！

我最喜欢的动物

龚芮萱

“胆小鬼”小黑

我外婆家有一只“胆小鬼”小黑。每当我和小黑还离得老远的距离时，它就跑得飞快，跑得比兔子还快呢，生怕我靠近它！

小黑的头圆圆的，像一个大苹果；身体长的像个大冬瓜；腿长长的，所以才能跑得特别快。

小黑吃骨头的时候，突然，一只母鸡从鸡窝里走了出来，小黑吓得连忙跑到桌子底下，直喘气！

我想让小黑胆子变大一点儿，你们能帮我想想办法吗？这样，下次我来外婆家的时候小黑就能围着我摇尾巴，和我一块儿玩了！

“小短腿”小白

我外婆家还有一只小白兔叫“小白”。小白全身都是白白的，眼睛却是红色的，像两颗红宝石，漂亮极了！小白腿短，跑起步来可不慢！见着小白的时候，它正盯着一只蜗牛，好像它们之间正进行着一场激烈的比赛，真有趣！

小白特别爱吃红萝卜，看见红萝卜跑得飞快。

衣柜里的一夜

黄晨奕

盼望已久的暑假终于来临了！我决定，一定要在这个暑假干一件不同寻常的事。

这天晚上，我躺在床上翻来覆去地睡不着。望着床前的衣柜，我的眼睛一亮——要不，我到衣柜里去睡？

我立刻拎起枕头起了床。一打开衣柜，一股热浪便扑面而来。衣柜里放着叠好的衣服、被子，就像厚厚的床垫。我把枕头横放进去，不错，正好！接着，我也钻了进去，把身下的被子拍拍平，一张可爱的“小床”就出现了。

躺了一会儿，感觉自己像待在黑暗的山洞似的，我刚抬起头就被硬邦邦的衣柜门碰了个正着，火辣辣的疼。我有点儿想回床上去了，可我又想，那不是前功尽弃了？十二点整，我不知不觉睡觉了。

啊！一早醒来，原来我是在衣柜里度过了一晚！

平潭岛的大海

黄东炜

暑假，我和同学还有妈妈一起去了平潭玩。

到了平潭岛，呈现在我眼前的是一望无际的大海。我很兴奋，穿上泳裤就向海里跑。啊！海水冰凉冰凉的。一股海浪拍打在我的身上，一不留神我被卷进了海里，喝了一口海水，海水咸死了。

我走上沙滩，坐在软绵绵的沙滩上。我想起了音乐课上我们学的那首歌《赶海的小姑娘》——松软软的海滩呀，金黄黄的沙，赶海的小姑娘光着小脚丫。我光着脚丫在海滩上走……

忽然，有人喊“涨潮了！”。我赶紧跑上岸，踮着脚尖往东望去，海面上还是风平浪静，过了一会儿，只见远处海天相接的地方出现了一条白线，可能是太远，所以看上去只有线那么细。过了一会儿，浪潮翻滚过来拍击沙滩的时候，顿时化成无数的白色泡沫。这排浪花刚刚退去，另一排浪花又涌上岸来。海浪冲到礁石上，溅起一朵朵水花，这是大海在歌唱。

浪潮退了，沙滩上留下了各种各样的贝壳。我和同学赶忙跑向沙滩去捡贝壳。

第二天一早，我醒来，走出小木屋。哇！正赶上日出。起初周围还是一片黑暗，忽然在东边海天相接的地方发现了一点儿光芒，我瞪大眼睛仔细看，只见太阳露出了灿烂的笑容。“太阳升起来了！”我兴奋地叫着。

中午，我们离开了大海，我对它还有点儿恋恋不舍。在车上，我看着一张张照片，让我又想了那气势雄伟的大海。

桃子的味道

林浩森

我很喜欢吃桃子。有一次，我正在吃一个大桃，刚咬下第一口的时候，突然，出现了一道金光把我带到了一个桃子王国！

我走进大门发现所有的东西都是桃子做的，人是桃子肉做的，房子是桃子，满街都是桃树，还有……

那个被我咬了一口的大桃子变成了一个非常漂亮的金桃皇冠。而且人人都称我为“王”！后来，我才明白那皇冠是桃子国王的标志。

我成了这世界上最美味的，独一无二的桃子王国的国王，每天过着悠闲的生活，饿了还有鲜嫩美味的桃子吃，这日子还真是幸福。但美好的日子总是短暂的，据可靠消息，桃子王国的敌人——虫子就要向桃子王国发动进攻了，全国的气氛特别紧张，大家都在为即将到来的战斗准备着！

我把人类世界的杀虫能手给了桃子军队。军队的武器制造家们把它进行了改造，制造了除虫手雷，除虫大炮，除虫子弹……

第二天，虫子大军浩浩荡荡地来了！各种武器的咆哮连连响起：“轰——轰——轰——”战斗打了三天三夜，虫子的尸体铺满了地面。

桃子军队获得了最后的胜利。虫子们大败，桃子王国恢复了平静和安宁。

可是我却要走了。因为可怕的考试就要到了，不赶紧回家复习那就糟了！“变！变回来”头上的金冠又变回了桃子的模样。我咬上一口，一阵刺眼的光，我回到了现实世界。

这还真是特别之旅啊！我可是品尝到了美味的、惊险的、刺激的桃子的味道呀！

一株草的生长记

郑子骞

在一个风雨交加的夜晚，电闪雷鸣下，一株老草感到自己的生命即将走向尽头，她拼尽自己最后一丝力气，送出了这个幼小的生命。

这粒小种子生命是那么微弱，身体的保护壳被无情的雨点儿击破，在她生命垂危时，幸好风伯伯及时将她送入土里，才挽救了这个小家伙，但，对于她来说，这只是她命运多舛的开始。

进入土层的小家伙（我们姑且叫她小豆丁吧）由于过于疲劳，陷入了昏睡，不知过了多久，她被轰隆隆的雷声吵醒了，这雷声一阵接着一阵，但与那晚的雷声不同，这雷声温暖且欢快，像是欢庆着什么，小豆丁睁着圆溜溜的眼睛，望着黑咕隆咚的世界，静静地听着，她觉得自己要去瞧一瞧，她轻轻地扭了扭身子，她感到一阵疼痛，原来她没有了保护壳，想要钻出去，稚嫩的身子一定会变得伤痕累累，可是，她在这黑黑的土里待够了，她不愿彻底沉睡在地里，她更用力地向上钻着，周围的沙石、泥土、枝叶等在她身上无情地割着，疼得她几近昏厥，那切肤之痛即使她咬着牙，也减轻不了，但要钻出地面的想法却从没有断过，“我一定要钻出去！”小豆丁在心里不断重复着这一句话，嘴唇已经咬得破口流血，她也没想要放弃，终于，她冲破了土层，她钻出来了！

亮！这光线刺激得她睁不开眼，等她终于适应了这个光线，她看到了五彩斑斓的世界，她的身旁有着无数的小草兄弟姐妹，一株株花儿灿烂无比，一只只勤劳的蜜蜂采集着花蜜，小鸟扇动着翅膀，连空气都是那么清新，她开心地笑了，觉得自己的努力那么值得，即使她因为过于瘦弱还直不起腰。

小豆丁在这个美丽的世界里静静地长着，当她以为生活可以这样平淡下去，一阵台风差点儿让她丧命，风，意想不到的大；雨，瓢泼下来，她死死地低着头，怕无情的雨点儿将她击穿；她紧紧地抓着地面，怕猛烈的风，将她连根拔起，突然，一阵大风袭来，一株大树被拦腰折断，轰的一声，倒了下来，小豆丁想：这次，我可能要去天堂里看妈妈了！她晕了过去，没过多久，她被火辣辣的太阳晒醒了，她睁眼一看，幸好，树倒在她的身旁。她无比庆幸着，感谢老天让她继续活着。

当热气渐渐散去，寒冷的北风带着雪花不期而至。一片片鹅毛大雪飘落了下来，不一会儿，到处一片银装素裹。小豆丁被压得喘不过气。不！或许叫豆丁妈妈更加合适，因为她已经有了自己可爱的宝宝。她用自己温暖的怀抱抱着小小豆丁，即使她自己瑟瑟发抖，她也不让小小豆丁冻着，她把这该死的白雪都扛在自己身上，对着小小豆丁呢喃着：宝宝，宝宝，快睡觉，睡饱饱，长高高。

春，来了！温暖的阳光把冰雪融化了，我们的豆丁妈妈，或该称为老豆丁了。她满身颓败，那是她一生和环境斗争的见证，在一个风雨交加的夜晚，她把小小豆丁托付给了风伯伯，眼里闪着泪花，依依不舍地送出了自己用血泪换来的孩子，在电闪雷鸣下，永远的……永远地闭上了眼睛。

可爱的“小客人”

史凌云

我家来了个神秘的“小客人”，它毛茸茸的，短短的尾巴，小小的耳朵，可爱极了。它连同小房子一起“搬”到了我家，它住在一个“华丽”的房间里，里面有跑步机，小滑梯和吸水器。

它很贪吃，每次我抓了一把食物，敲敲笼子，只见它迅速地从“跑步机”上飞奔下来，靠在笼子边东张西望，我小心翼翼地把一粒瓜子放在笼子外，它一见就立刻用嘴巴把瓜子咬了回去。它闻了闻，然后用爪子捧着瓜子，津津有味地吃着，样子可滑稽了！

它很爱干净，我往“澡盆”里倒了一大勺“玉盐”，它在里面尽情地翻滚，好像一直洗不够。不到一会儿，它那灰白的茸毛就变得雪白雪白，像一个白色的小球。洗完后，身上还会散发出一股淡淡的香味呢！

有了它的到来，我的生活增添了许多乐趣！小朋友们，写到这，你们猜到这位“小客人”是谁了吗？

时光冰箱

陈美茜

一次偶然，我打开了一间空无一物的，只有一台冰箱的房子。走到那个冰箱前，扭头看看那空荡荡的走廊。转过头，打开这个冰箱……

十年后的一天

我睁眼，想扭头看一看周围，却发现自己不能控制身体了，便作罢。这时，我的身体动了，掀开被子，穿上鞋，翻身坐在观察台。一切动作好像做过无数次。这时，我才看清楚这个房间，粉红色的墙壁，两张双层床。墙上贴着诸多明星照片，只有我的那面墙上贴的是观察记录，还有四台显微镜。“美茜，快来呀，今天有演唱会呢。”一个声音从门外传了出来，“不去，我还要做观察记录呢。”我回答，“好吧。我看你这个书呆子一时半会儿也出不来。”

十五年后的一天

再次睁眼，我坐在一个办公室里，桌子上摆放着一台显微镜，还有一只蓝皮红眼，有一个大大的角的虫子。“陈总，这是新品种的寒冰独角仙。”一位秘书样子的女人说。“好，你去忙吧。”说着，我带上白皮手套，开始研究。

二十年后的一天

最后一次睁眼，我坐在一个发布会上，记者们闪光灯照着我的脸。“陈女士，您发明的新基因品种金石甲虫的特征是什么？”一个记者问我。“这个自己看吧。”说着，我拿出一只金灿灿的甲虫，还拿了一块浓缩了五十倍的铝合金往甲虫身上一扔，甲虫完好无损。

好心却办成了坏事

陈诺霖

“呼……呼……”大风吹着，把落叶刮进了小溪，“呼……呼……”大风继续吹着，把溪流连着漂浮在小溪上的落叶一起吹进了大海。“呼……呼……”大风还使着劲儿，帮助人们打扫落叶，而它的好心却办成了坏事。

落叶在海面上漂浮着，有成千上万片，结成了密密的屏障，连一条缝儿都没有留下，海豚、鲸鱼的排气孔都被碎叶子堵住了，无法呼吸，都死了。阳光没有办法照射到水里，无法生成氧气，鱼儿无法呼吸，也都死了。鱼王见到这样的惨状，赶紧写信给海神和树神，请他们务必想尽办法把海洋世界的惨烈情况转交给飘忽不定的风神。

风神终于收到了，飘到海洋上空看到了海面上密不透风的落叶结成的越来越大的屏障，懊悔不已，赶紧唤来龙卷风把海面上的落叶统统卷走。

海面终于恢复了往昔的蔚蓝，阳光也终于潜进到水底，海洋生物们都回来了，海洋世界又变回热闹的样子。

风终于不再帮倒忙了。鱼王见状，笑了。

第一次见到他

黄云昊

他长着一张圆圆的小脸；一双萌萌的有点儿睡意的小眼睛，好像随时都有可能睡着；鼻子扁扁的、小小的；一张樱桃似的小嘴，总是动个不停。你知道他是谁吗？没错，他就是我最可爱的小弟弟。

我第一次见到他，是在一张叫作三维彩超的图片里。记得当时我一看到那个小小的他时，心里别提有多激动，一蹦就是三尺高，我高兴啊！从此我将多了一个玩伴啦，我再也不用羡慕我的同学有弟弟或妹妹了！但我又有一点点的担心，我担心爷爷、奶奶、爸爸、妈妈不再像现在这样疼爱我了，我担心我的小弟弟会抢走属于我的爱。但不管怎样，我还是很期盼着弟弟的到来，期盼着真正见到他的那一天！

这一天终于到来了。9月12日，那是弟弟出生后的第二天中午，我一放学就飞快地跑回家，放下书包，就催着爸爸带我到医院去看我那未谋面的小弟弟。那天在路上，我感觉阳光格外的灿烂，天空格外的碧蓝，迎面吹来的风也格外的清爽。

到了医院，我和爸爸一起乘坐电梯到了五楼，我一下子就跑到爸爸说的那间病房前。推开门，一眼就看到妈妈的身旁有一张小小的床，床上躺着一个小娃娃。我跑了进去，说了声："妈妈，我来看小弟弟啦！"然后就冲到小床边，我仔细地打量着他：白白胖胖的脸上，一双小眼睛紧闭着。忽然，他睁开了眼，还冲着我微微一笑。哇，那一刻，我觉得小弟弟实在是太可爱了！阿姨走了过来，抱起小弟弟，用小被子包好，问我要不要抱一下，我高兴地点点头，连忙伸出双手抱过小弟弟，亲了亲他的脸，感觉自己好幸福啊！我当姐姐啦！我有一个好可爱的小弟弟啦！

弟弟现在已经两个多月了，越来越可爱，我也越来越爱他！而我和他第一次见面的情景，也深深地印在我的脑海里，永远难以忘怀！

羽毛的游记

黄丰宇

一缕微风飞进了房间，看见了那根洁白的羽毛，俏皮地飞过去，拉着她，悄悄地飘出了窗。

半空中，与猫懒懒得打了个哈欠后，便与微风一同开始了一次美妙的旅行。

暖暖的阳光轻轻地包裹着她，微风托着轻盈的羽毛，飞向了蓝蓝的天。羽毛静静地躺在风的飞毯上，飘得很高，很高……

下面是白白的云朵，上面，蓝蓝的天空中挂着一个大大的太阳。羽毛从未飞到过这么高的天空，感到兴趣盎然。

突然，身下的微风跑去与云朵玩耍，羽毛轻悠悠地向下飘去。

下面是碧波荡漾的湖水，正当她快要触到湖水时，一阵风，又将她托起。

在空中飞啊飞，如轻盈的蝴蝶，花果片片花海，轻嗅着花丛中的清香；如雪白的柳絮，在空中转着圈，转过条条柳枝，轻抚碧绿的柳叶；如一朵落花，在树下翩翩起舞，欣赏着落英缤纷的美，赞叹着漫天花雨的浪漫。

在空中飘啊飘，时而飘过杨柳枝头，时而飘过朵朵彩云，时而飘过蔚蓝大海，时而飘过花草丛中。

在空中荡啊荡，时而与杨柳共舞，时而与云彩嬉戏，时而与巨浪击掌，时而与花草同欢……

风小了，羽毛在塘面上画出层层涟漪，划出道道波纹，最终，被水塘边的柳枝绊住了。

在碧叶的摇篮中，她渐渐进入了梦乡。

吊　兰

叶蕴希

我家有一盆吊兰，那是一盆生机勃勃的吊兰。给我一种清新的感觉。

吊兰的叶子像一片小舟，风吹来，吊兰左右摇摆，像一片小舟在水里左右摇摆地划着。它的叶子的颜色是清新的，一层绿加一层白，一片一片地向外翘，从远处看就像一朵奇特的花朵，正在茂盛的时期。

吊兰的“心”也很有趣，原先是一个白色的心，从“心”里慢慢长出了一点儿绿色的小芽，小芽渐渐地长长了，变得有五厘米长了，渐渐地变成了十厘米，长到了十五厘米时，它停止生长了，还从上面长出了几个小吊兰，就像是它的儿女，它用它身上的水分哺育它的孩子。

冬天来了，它渐渐地枯萎了，叶子变灰了，可它的儿女们，还是那么有生机，那么惹人喜爱。下雪了，负荷这一冬天飘落的白雪的吊兰，在寒风里瑟瑟发抖。此刻，春天还并没有踏着轻快的脚步向我们走来。

终于，春天来了，美丽的吊兰活过来了，现在，它沉浸在春天的生机里，我爱我家的吊兰。

秋　天

詹友成

一场秋雨一层寒，随着阵阵秋雨，灿烂绚丽的秋天来了。

秋天是丰收的季节。田野里，黄澄澄的谷子笑弯了腰，随着秋风轻轻地摇摆，好像在为金色的田野唱着赞歌，火红的高粱像害羞的小姑娘一样涨红了脸，成熟的豆子咧开了嘴，好像在对人们说：“今年又是一个丰收年。”

秋天是多彩的季节。森林里，看着那火红的枫叶，我不由得想起了“停车坐爱枫林晚，霜叶红于二月花”的诗句。棕色的柳树叶弯弯的，细细的，像我们的眉毛一样。杏黄色的银杏树叶随着秋风飘落下来，像一只只黄色的蝴蝶翩翩起舞。

秋天的天是那么高，那么蓝，空中的大雁一会儿排成“人”字形，一会儿排成“一”字形，不时发出“吱吱”声，好像在对人们说：“再见了，明年春天我们再相见。”

秋天是一阵悠扬的笛声，值得你去用心聆听。秋天是一首优美的古诗，值得你认真阅读。秋天是一幅美丽的画卷，值得去你用心欣赏。

我爱这美丽的秋天！

猫　国

朱雨桐

在地球里，有一条通向猫国的小地道。

在一只流浪猫不知道去哪儿时，就会有一位从猫国来的猫官，猫官是专门把流浪猫带去猫国的大使。而另一位猫大使会帮助走失的猫回到主人身边。

今天，就是猫国的猫意日。这个节日和我们的节日不同，它一年有四次，一个季度一次。这一天，流浪猫会被送去猫智学院。而且，这一天也有许多从猫智学院毕业的猫天才和猫智者。

在这一天，猫国王会给全国的猫与地面的猫各发一条生鱼和一条烤鱼。当猫老了，猫官会把这些老猫送进猫老院，让老猫实现所有的愿望，最后将它们送进猫天坛，让猫欢服务老猫。在当天，猫乐（就是猫宝宝）会喝上它们最喜欢的鱼奶，会得到它们最喜欢的鱼娃娃，会得到它们最喜欢的猫抱鱼玩具。每只猫都喜欢这一天。

“口技专家”——白鲸

林　桢

大家好，我是可爱、美丽的小白鲸。

我是哺乳动物，是鲸家族的一员。我不但性情温和，通体雪白，而且还会学各种声音，我可是鲸家族里的“口技专家”哦。我能发出几百种声音，而且发出来的声音变化多端，比如猛兽的吼叫声、老牛的哞哞声、小猪的呼噜声、鸟儿的鸣叫声、女人的尖叫声、病人的呻吟声、婴孩儿的哭泣声……还真的是多不胜数呢！我还能发出物品的声音，比如铰链声、汽船声、铃声等等。小朋友们，你们觉得我还能发出什么奇怪有趣的声音呢？赶紧写信告诉我吧，等着你们呦！

我也常常“唱歌”，实际上，我是在自娱自乐呢！同时，这也是我和我的同伴之间特殊的交流方式，这是我们在夏季里度假的一个重要内容。我和小伙伴们进入河口的时候都很是兴奋，虽然已经进行了长距离的旅行，但我们似乎一点儿也不觉得累。除了用不同的歌喉“交流”以外，我们还会用宽大的尾叶突戏水，将身体半露出水面，姿态十分优美。而这时，游人们都争先恐后地抢拍这一个个珍贵、优雅的镜头了。

任何东西都能成为我的玩具，一根木头、一片海草、一块石头……怎么样？我是不是特别厉害？不过你们可别学我，因为你们是学不来的，这些“特技”是我与生俱来的呢！

给菜刀的一封信

申景元

马上就要把我切成碎片的菜刀：

你太坏了！你太坏了！我是一条鱼，一条即将被杀死的鱼。

我在水中，被渔夫捞起，当时，我以为我不会怎么样，他们只是会把我运到另一个地方罢了。

等我面对了现实，我才知道，我即将要死了。

看着你那锋利的刀边，我想起了我的祖先，听爸爸妈妈说，我的祖先就死在了这锋利的刀刃下，难道，我今天也要接受这样的命运吗？

在我死之前，请你给我爸妈捎个话，让他们照顾好自己，但你一定要克制住自己，因为，我害怕你把我爸爸妈妈切成碎片。

还有，请你放过我的一个朋友，也是一条鱼，因为那是我最好的朋友，既然我死了，我希望它能好好活下去。

祝：改掉自己爱杀鱼的习惯，变成一把好菜刀。

一条马上要死的鱼

2017年11月4日

秋叶·外婆·《江城子》

林悠娴

从小是外婆把我带大，她总喜欢让我坐在她的双膝上，摇啊摇，教我念儿歌、诵古诗。“举头望明月，低头思故乡”“谁知盘中餐，粒粒皆辛苦”“自在飞花轻似梦，无边丝雨细如愁”，可每每念到“十年生死两茫茫，不思量，自难忘。”时，外婆的声音总会变得低沉，有时沉默良久。每年秋风起的时候，外婆总会站在院子里，望着纷飞的落叶，眼神不知透过落叶看向了何方，喃喃自语：“十年生死两茫茫，不思量，自难忘……”。小时候的我，懵懂无知，并不知这意味着什么。

在外婆的怀抱中，我告别了咿呀学语的婴儿时代，跨入了小学的大门。渐渐地，我越来越喜欢古诗词，妈妈便送给我一本《唐诗·宋词·元曲三百首》。我爱不释手，一天，不经意间，我翻到了《江城子》——“十年生死两茫茫，不思量，自难忘……”咦？这不正是外婆经常吟诵的那句诗词吗？我充满兴致地对照着译文和赏析品读这首词。原来这首词是苏轼怀念亡妻王弗所作的，作中表达了苏轼对亡妻永远难忘的思念之情。为什么外婆对这首词有着别样的情感呢？外婆又是在思念谁呢？带着满腹的不解，我连忙跑去问外婆。外婆一怔，过了一小会儿，轻轻地摸了摸我的头，说：“悠悠，外婆是在思念外公呢！”“外公？”我急忙跑回外婆的卧室，从她的柜子里翻出一张泛黄的照片，上面是一位面貌清秀的男子。我将照片高高地举到外婆面前，问道：“这就是我的外公吗？”外婆一把搂住我，向我轻声诉说外公的往事。原来，当年外公和外婆是镇上有名的恩爱夫妻，外公是镇上最有名的医生。半夜常有人得了急病，敲门求医，不论寒冬还是酷暑，外公总是二话不说，拎起药箱就走。可是，“医者不自医呐！这么好的人啊，那一年秋天却早早地离开了我们。”说着，外婆的眼里泛出点点泪光。此时，我望着外公的照片，多年来盘桓在我脑海中的疑问找到了答案，耳边似乎又响起了“十年生死两茫茫，不思量，自难忘……”的喃喃声。

又是一年秋风起，我望着院中独坐树下，凝望着落叶的外婆，似乎听见外婆又在低吟着那首熟悉的《江城子》。我不禁也吟诵起来：“十年生死两茫茫，不思量，自难忘……”。从此，这首最美古诗词永远铭刻在我心中。

兰辛的四季

童　昕

在这个几乎看不到高楼，道路两边都是绿油油一片的城镇，我和鸟雀一起，等待着四季的变化。这个美丽而又温和的城镇叫兰辛，是我生活了一年的一个熟悉而又陌生的地方。四季所展现的不同风景，一次又一次地把人们拉入其中，去感受他那不一样的味道。

春

春天，兰辛总是挂着一抹绿意，好似春姑娘给这幅美丽的画卷上了不干胶，那一抹青翠的绿意总是抹也抹不去。春雨过后，地面上积起了一点一点的小水洼，四处都是草的清凉，风儿一吹，带来的总是清凉又轻香的味道。

夏

夏天，十一位性子火辣的姑娘。她让兰辛本有的那一片翠绿一下子换成了深绿的苍翠。小鸟们到树荫下乘凉了，炎炎夏日，好像把街上的人闷热跑了，从窗子向外张望，只见一辆辆来来往往的车被阳光照得刺眼。

秋

秋天，身穿橙衣的秋姑娘来了，他赶走了夏姑娘，给兰辛换上了一身好看的金黄的衣服。夕阳西下时，天空中的最后一抹阳光轻柔地照在金黄的叶子上，好看极了。

冬

我最爱兰辛的季节，不是嫩绿的春天，也不是赤日炎炎有着快乐暑假的夏天，而是兰心如圣洁天使一样披着白衣的冬天。

下大雪的时候，好像一觉醒来，忽然从春天变成了冬天一样。但你推开厚厚的积雪一看，地下的小草却还好端端的长着。

雪花一片片地落下来了。用手去接，一触到我的指尖，立马就化了。偶尔张开嘴时落下一两片，凉丝丝的。

我爱兰辛的冬季，但也爱她的春、夏、秋。

藏在冬日里的童年

早晨，太阳才刚刚羞答答地露出了头，孩子们就已按捺不住兴奋的心，从家里飞奔而出。说来也奇怪，积雪都已没过他们的小腿肚了，可是他们的步伐依然那么轻盈、灵巧，一点儿也不会被厚厚的积雪所阻碍。

我的自画像

王子豪

大家好！我叫王子豪，是祁县示范小学三年级的小学生，今年八岁，身高一米四，你想进一步了解我吗？听我细细道来。

我有一张能说会道的嘴巴，一个嗅觉灵敏的鼻子，还有一双明亮有神的眼睛。

我的兴趣爱好广泛，武术、运动、爱看书。去年，我开始学习跆拳道，今年黄绿带，别看我带色低，本领大着呢！我想参加明年的全国跆拳道比赛，只要我刻苦训练，相信一定可以取得好成绩。除了跆拳道，独轮车也是我运动的一部分。说起独轮车，我还真想给大家分享一下我的学习过程。刚开始学的时候，它根本不听我的指挥。我想上车，可它偏偏往后"跑"，我想扶着栏杆骑，它却哧溜一下"逃"走了，它就像个调皮的小孩儿，扭来扭去不听使唤。记得自己一个人骑车时，还没走几步，"砰"的一声，我就摔了个四脚朝天，虽然疼得我两眼冒光，但我还是咬紧牙关，坚强地爬了起来，因为我是一个永不放弃的男孩儿。工夫不负有心人，经过半年多坚持不懈的努力，现在的我终于可以灵活自如地骑着它到处玩了。我还是个书呆子，一有时间，我就会沉浸在书的海洋中，每次都会被里面的故事深深地吸引。

这就是我，一个好静又好动的男孩儿，听了介绍后，想不想和我交个朋友？

未来的“我”

钱贞希

我是一间未来的教室，诞生于二十年后的今天。

一进我的门内，宽敞明亮，首先映入你眼帘将是四面充满童趣色彩的卡通墙，墙面的颜色还会随着天气而变换主题。置身于此，就像带领你进入童话世界一般，同学们会更喜欢在我这里上学哦！我左右两边的墙上各有两扇冬暖夏凉的窗，春天，我是绿色的，会散发出迎春花的味道，让你感受到春的气息；夏天，我是蓝色的，吹出阵阵带着海洋气息的凉风，就像置身大海般清凉；秋天，我是金黄色的，带着阵阵瓜果香气，告诉大家已到收获的季节；冬天，我是白色的，发出带着阳光味道的暖气，让冬天不再寒冷。天花板上装有高科技材质的照明设备，我能将太阳能转化成电能，还能根据自然光的亮度而调节照明的强度，更好地保护同学们的视力。

在我的正前方，取代传统黑板的是一块不会反光的智能显示屏，粉笔灰不再漫天飞舞，坐在两边的同学也不需再为看不见黑板上的字而苦恼。我还能根据老师授课的内容在屏幕上列出重点，图文并茂，帮助同学们更好地理解与记忆。

在我左上方的角落里有个机器人，它的本领可大着呢！在课堂上它是老师的好帮手，下课后还能和同学们做游戏，它还是一部移动的百科全书，同学们在学习和生活中遇到难题它都能帮忙解答。

在我的后方有一个滑梯，可别以为这只是个普通的游乐设施，这真实的功能就像哆啦A梦的“任意门”一样，可以安全、快速地让同学们往返学校和家之间，省去了父母接送的许多麻烦。

在科技日新月异的今天，二十年前看似异想天开的一切都成为现实。未来，我还会有更多意想不到的功能，就等着人类用智慧让我越来越人性化。

我的拖堂老师们

林川皓

“拖堂”即拖长讲课时间的意思，这是一个学生们恨得咬牙切齿，而又无可奈何的词语。老师们常常绞尽脑汁，把课堂拖得花样翻新，拖得独具匠心。于是，这就成了校园里一种有趣的现象。下面让我来盘点一下各位老师的拖堂方法吧！

语文老师——我的时间不能占

“丁零零……”下课铃声响起，我们一共五十四双饱含着渴望与期待的眼睛不约而同地望向语文老师，那眼神分明在询问：可以下课了吗？语文老师望望我们，又望望时钟，不慌不忙地说：“你们想早点儿下课的心情，我可以理解。但是……”说着，她顿了顿，扫了一下蠢蠢欲动的我们，接着说：“但是，我的时间不能占。来，让我们算一算，有一个同学讲空话——一分钟；有一个同学回答问题错误，给予更正——三分钟；还有个同学开小差，批评——两分钟。也就是说，我要补上这六分钟。”话音刚落，一阵阵哀声已经扩散开来，语文老师得意地推了下眼镜，继续淡定而优雅地讲课。

数学老师——其他班下课，我就下课

铃声过后，教室外荡漾起了欢乐的歌声。我们虽然还坐在教室里，其实早已是“身在曹营心在汉”。有的甚至直接把目光移开黑板，投向远处的操场。数学老师看看“可怜巴巴”的我们，又看看窗外，思忖了一会儿，说：“不如这样吧，看看隔壁其他班级有没下课，他们下课我们就下课。”同学们妥协了，数学老师清了清嗓子，又拿起书本讲起了那道难解的应用题。直到第二节课快上课时，一句姗姗来迟的“下课吧”才传入我们的耳膜，不愧为数学老师，总能把时间掌控得如此精准。

科学老师——要向他们学习

下课铃声如约而至，可是科学老师似而不闻，还喋喋不休地讲着，我们只好耐心地等待着。突然，老师好像有所察觉，她扫视了一圈教室，换了一种亲切的口吻：“你们知道吗？我最近去别的班级听课，他们即使听见了下课铃声，却丝毫没有骚动，连一丝抱怨都没有，仍旧安静地听老师讲课。而我们呢？我们要向他们学习。”“我们也没有抱怨，老师，您快讲吧！”同学们在无可奈何的境况下顺势而为的集体应声道。老师笑了，继续她未讲完的内容。

老师们的拖堂实在有趣，但其中包含了对学生们的关爱和殷切希望，我们应该感谢老师们！

我去当“农民”了

郑锦宸

终于等到今天啦！我又可以去参加登山协会举办的少年公社活动了！这是一个让我们放飞自我，融入大自然的活动，我特别喜欢。

坐了一个多小时的车，大家到了少年公社的基地，教练给我们每个人都分了一把小镰刀，然后对我们说了一遍“紧箍咒”（其实是使用镰刀的安全方法，由于太多了，所以叫“紧箍咒”），才带着我们去割荷叶。我们把鞋子都脱了，光着脚丫子走向小池塘。

“哎呀！”“啊啊！”“妈呀！”“疼死啦！”这样的声音时不时地传入大家的耳朵里，因为光着脚走路，而地板又很烫，还有许多小石头，一不小心就会踩到。慢慢地大家也都适应了光脚走路，然后快快地割完了荷叶，开始了下一个我们盼望已久的活动。

开始抓稻花鱼喽！什么叫“稻花鱼”呢？可能大家都还没听说过吧。这种鱼是养在稻田里的，当我们把禾苗插到田里时，就把鱼苗也一并放进田里，让这些鱼儿在水田里自由自在地生活。当水稻成熟时，我们的鱼儿也就长大了，这样的鱼就叫“稻花鱼”，是不是很特别啊？我们一个个精神抖擞地下了水，开始浑水摸鱼。我东摸摸，西摸摸，希望能抓到一条鱼。我看见了七八条鱼，可当我扑过去时，它们却早就没影了。有一次，一条硕大的鱼跳到了稻草根上，它不停地摇头摆尾，好像在说：“来抓我呀！来抓我呀！”当时我真的看呆了，虽然后面有人对我喊：“快抓啊，抓快啊！”可我根本就反应不过来，只是呆呆地看着那条鱼。等它跳下水后，我才突然想起来：啊，我刚才怎么不去抓鱼呀？但后悔已经来不及了。等大家都上岸了，我还没抓到一条鱼，看着人家网兜里的鱼，我真是羡慕极了。

当夕阳西下的时候，大家满载而归，满身的泥土，也遮挡不住我们这些“农民”灿烂的笑容；空旷的田野上，飘荡着我们发自内心的喜悦笑声。

幸福其实就在身边

吴一帆

在这片郁郁葱葱的大森林里，我是一棵微不足道的小草。每天都和家人在一起说笑玩闹。

和往常一样，清晨当我睁开眼的时候，看到鸟儿在空中自在地飞翔。我默默地低下了头，大家都陆续醒来了，我又重新抬起了头，满脸微笑，生怕大家看到我失落的神情，看到小鸟从一棵树飞向另一棵树；看着蝴蝶在花丛中寻觅花蜜；听到蜜蜂的“嗡嗡嗡”……我和家人、朋友们一起谈天说地，可我又不敢向大家透露自己的想法，因为大家一定会笑我太天真。突然一阵风吹来，我们摇曳着，虽然我无法左右自己的行动，但我依然快乐地随风舞动，大家都加入了跳舞的行列，我们的舞步异常整齐，我也在舞中再一次露出了发自内心的笑容。我不再像早晨那么失落，虽然我不像鸟儿那么自由，不像蝴蝶那么漂亮，更没有树木那么高大，但我是幸福的。每天我都和家人朋友在一起，可能我每天看到的永远是这片景色，但就算这样，我也不会厌恶，因为不经意中他们都在发生变化，例如那棵树落了一片叶子；白云变换了一个形态；一只毛毛虫成功破茧成蝶；我又长高了一点儿……

幸福其实很简单，因为它隐藏在生活中的一点一滴，只要仔细观察就会发现自己真正发自内心笑得最欢乐的时候，那一定是你最幸福的时刻，那一刻你会忘记全部烦恼。

雪山之行

徐梓特

“夕阳无限好，只是近黄昏”。李清照曾经就这么说过。每当我读到这句话便会想起那黄昏时刻的雪山。

前段时间旅行，我去了雪山。远远望去，那山上铺着一层白皑皑的雪，就像一件羊毛大衣，将这山包裹起来。我有些迫不及待，赶忙登了上去。

到顶时，已近黄昏，那太阳仿佛不愿下山，便将这金黄的光照在雪上，仿佛赐予了这片雪山万两黄金，泛着金光，熠熠生辉。这时，一阵寒风“呼呼”地迎面吹来，使我虽在这温暖的阳光下却体会了一种凉透的感觉。

几朵白云将这雪山环绕起来，仿佛我就身在仙境一般，我又感觉这山好像就在天上，仿佛我一举手便可将这蓝天抓在手中。我又看了看下面的山峰，一棵松树矗立在雪上，那一根根的针刺上依旧是雪，那树皮仿佛已经受到了无数次风欺雪压，变得粗糙起来。

正当我陶醉于这山，这雪，这松树，这夕阳时，从天边突然飞过了一群大雁，它们成“一”字形，但不久就飞走了。这夕阳好像真的散发完它最后的光，慢慢地暗了下去，那云朵也慢慢地与夕阳一样飘回了天边。松树也渐渐看不清了，现在唯一的也就只有这座雪山了。这景色好像就是李白去敬亭山时写的“相看两不厌，只有敬亭山”。

我对这雪山的情感就像李白对敬亭山的情感，久久难舍。

农村·早

童欣瑶

镜头一：农村的早晨

全镜头一：早晨，太阳刚刚升起，被几片鲜红的朝霞掩映着，阳光从云缝里照射下来，像无数条巨龙喷吐着金色的瀑布。

镜头第一次拉近：宁静的小村庄，零零散散的几只公鸡开始打鸣了，“喔喔喔，喔喔喔”，此起彼伏地叫着。睡梦中的人们渐渐地睁开了眼睛，伸伸腰，起床了。勤劳的村民们日出而作，日入而息，他们早早地下地干活了，在田里忙农活的村民，额头上的汗珠渐渐地流了出来，晶莹剔透的汗珠顺着脸颊流下来，滴到了地上。

镜头第二次拉近：乡村里有一所美丽的小学，校园里有不少郁郁葱葱的树木，每天早晨，都会有几只小鸟欢快地在树枝上唱着动听的歌。在农村上学的孩子真不少，这个时候，孩子们高高兴兴地来到学校，开始了一天的学习，有的孩子才刚入学，送他们上学的家长就较担心，一路上叮嘱着什么；更多的孩子是三三两两结伴同行，昂首阔步地走进校园，不一会儿，校园里就传出了孩子们琅琅读书声。

镜头特写：在一间教室里，老师面带微笑，手执教鞭，在讲台上孜孜不倦地讲课，孩子们一个个认真地听着课。

镜头二：农村的风景

全镜头一：太阳渐渐升高，烈日炙烤着大地，农村的街道十分热闹。卖菜的人们开始忙碌起来。

镜头第一次拉近：街道上菜市场的菜农们开始忙碌起来了。他们有的在吆喝着自己的买卖，有的正向顾客介绍着自家刚摘下的新鲜蔬菜，还有的正在和顾客讨价还价……

镜头第二次拉近：顺着街道走下去，不远处是一个荷花池，小池中满是绿油油的荷叶，荷叶上开出了美丽的荷花，有的才展开两三片花瓣儿，有的花儿全展开了，露出嫩黄色的莲蓬，有的还是花骨朵儿，看起来饱胀地马上要破裂似的。

镜头特写：一朵含苞未放的花骨朵儿，骄傲地挺直着自己的身杆，花骨朵儿上停留着一只美丽的蜻蜓，轻轻地扑打着双翅。

藏在冬阳里的童年

高佳艺

一片洁白的雪花从灰暗的天空下慢慢悠悠地飘落下来，继而是两片、三片……越下越猛，越下越大。风把它们织成了一件雪白的衣裳，遮盖在树上、房子上、地上。一眼望去，白茫茫的一片。

这种暴风雪天，已经持续了好几天了。早晨，太阳才刚刚羞答答地露出了头，孩子们就已按捺不住兴奋的心，从家里飞奔而出。说来也奇怪，积雪都已没过他们的小腿肚了，可是他们的步伐依然那么轻盈、灵巧，一点儿也不会被厚厚的积雪所阻碍。

在雪地上奔跑的姐弟俩被寒风吹得直打哆嗦，想通过运动来使身体变热，可刚气喘吁吁地停下来，寒风又钻进他们的衣袖，刺激他们的全身。跑了几次后，六岁的小姐姐似乎厌倦了，就对着四岁的弟弟说："不跑了，不跑了。咱们堆雪人玩吧。"弟弟点点头开始堆雪，姐姐也忙活了起来。

雪人的外形逐渐被堆好了，姐姐三层，弟弟两层。他们找来了松果、树枝、红萝卜、大纽扣、龙眼核，分别当作雪人的纽扣、手臂、鼻子、眼睛。啊哈！雪人立刻变得栩栩如生了！姐姐看着雪人，若有所思，似乎雪人身上还缺少什么东西。"衣服！"姐弟俩异口同声地叫了出来。是啊，雪人没有衣服该有多冷呀！姐姐一打响指，把帽子和围巾脱了下来戴在雪人身上，弟弟也依样画葫芦。他们得意地欣赏着自己的杰作。欣赏了一会儿，他们忽然想起了什么，把光溜溜的脖子一缩，“哎哟哎哟”地叫唤着，一蹦一跳地向家跑去，乍一看，就像两个花花绿绿的大皮球在雪地上蹦跶。

“咣当”，门一关，两人坐在沙发上直喘气，妈妈奇怪地看着他们无遮无盖的脖子和头顶，再看看五十米开外的穿着衣服围着围巾的雪人，很快明白了真相，想出去捡衣服。可刚踏出去一步天气又开始作怪了，大团大团的“棉花”从天空中散落了下来，孩子们连蹦带跳地逃回了家里，大人们似乎也被这场突如其来的大雪吓到了，呼唤着自家的孩子的名字。妈妈也只好放弃了出去的念头。好不容易大雪停住了，可眼前哪里还有那两堆雪人的身影。

四十年后，又是一场大雪过后的晴天，当那姐弟俩依靠在一起回想着小时候给雪人穿衣服时的情景都情不自禁地笑出声来。聊着聊着，眼中不知什么时候已有了晶莹的泪花。

又过了二十年，他们都已老眼昏花了，脑海里的记忆也都残缺不全了，但他们心里却堆满了甜甜的雪白雪白的糖棉花怎么样也化不开。窗外的雪地上，在温暖的冬阳下，不知是谁堆得一大一小的雪人那么栩栩如生，雪人身上还戴着帽子和围巾。

童年犹如一叶小舟，载着悲伤、喜悦、愤怒、甜蜜这些丰富多彩的行李，带你远航。当你望着海面下的自己发呆、迷茫时，小舟就会给你输送勇气和力量。

家乡的路

席风杰

回首人生路上，每一个不会磨灭的深深的脚印都记录着你的风风雨雨，人生之行悠远，人生之路漫漫，但我想说的是家乡的路。

“人有悲欢离合，月有阴晴圆缺，此事古难全，但愿人长久，千里共婵娟。”这几句诗勾起了我对家乡的思念，印象中对家乡记忆最为深刻的当属家乡的小路。

清晨，小路一片静谧。当第一缕晨光穿过薄雾，小路便迎来了一个温暖的早晨，此时的小路一切都笼罩在柔和的晨光中，路旁的柳树低垂着头，任微风轻抚着秀发，尽情享受着温暖的晨光，挺拔的杨树像健壮无比的青年在舒展手臂，路旁的草丛温润中透出几分幽幽的绿意，多么美好的清晨啊！

朝霞翻腾着，调皮的太阳公公时而躲在云层背后，时而探出头来，跟小路玩起了躲猫猫。渐渐地，云雾散开，太阳公公露出了俊俏的脸，洒下了温暖的阳光，柳树姑娘向它招手，杨树哥哥向它敬礼，小草妹妹向它欢呼，此时的小路充满了欢乐。

小路的尽头，是一株老槐树，槐花散发着醉人的清香。高大挺拔的老树上，缀满了一嘟噜、一串串洁白的槐花，像调皮的小孩子，咧开嘴笑，露出洁白的牙齿，从他们的笑声中，我嗅到了甜蜜和芳香。

夜晚的小路，显示出另一幅生机，来回穿梭的汽车，行走的路人，奏响了一首美妙的马路交响曲。路旁的广场上，小朋友在快乐的玩耍，青年们在絮絮谈心，老年人则在一声声音浪中随着节拍舞动，彰显出他们的活力。欢乐的笑声响彻寂静的天空。

抬头仰望小路上方的天空，黑色大幕布般的夜空中，镶嵌着大大小小如宝石般的星星，它们调皮地眨着眼睛，忽闪忽闪，仿佛也被这热闹的人间所吸引。

童年滋味

张佳良

童年是梦中的真，是真中的梦，是回忆中含泪的微笑。童年是多味的，我的童年是酸甜苦辣汇聚在一起，像一个调味瓶。

酸

童年是酸的，就像是喝了醋一样酸！记得有一次，妈妈做好饭端给我，我尝了一口，感觉没味儿，拿起了醋瓶子不管三七二十一就往碗里倒，等妈妈提醒我时，早就倒好多了，但我还嘴硬说好吃，其实呀早就酸得我想吐了。

甜

童年是甜的，就像喝了一杯蜂蜜一样甜，今年妈妈过生日，正好上学，早晨刚起床，爸爸妈妈就吵架了，我安慰妈妈说："妈妈别生气了，今天是您的生日，我已准备好礼物，祝妈妈生日快乐！"我便拿出礼物送给了妈妈，妈妈打开一看是一块蓝色的手工手表，脸上露出了灿烂的笑容，高兴地把我抱在怀里，这时我心里甜滋滋的。

苦

童年是苦的，就像吃了苦瓜一样苦！有一次朋友招惹我，我就跟他打了起来，回到家妈妈知道后不分青红皂白大骂了我一顿，说同学之间要友好相处，团结友爱。我真是有说不出的苦。

辣

有一次考试，我数学只考了八十分，原因是我往下抄数字时本来是六十七，我偏偏就写成了五十七。算出得数是四十三，往试卷上写就写成了九十三，老师把我叫到办公室狠狠地批评了我，我脸上火辣辣的。

这就是我的童年，虽有酸甜苦辣，却汇成了一首快乐的歌！我爱我的童年！

由妹妹引起的家庭风波

张煜琢

“哈哈哈哈哈……”笑声从哪里来？你们肯定想知道吧！请听我娓娓道来……

昨天晚上，我们一家人正在妈妈的房间逗妹妹玩，只听“噗”的一声，感觉不妙，我大喊：“有人放毒气弹了——”在0.01秒之内，臭气顿时充满了房间，老妈被熏得赶紧往外跑，由于太匆忙，一头撞在了门边上。老爸被熏得晕头转向，忽然摸到了柜子的门把，以为是出去的那扇门，便拉开了，结果一头栽倒在柜子里。我也被熏得没有了方向感，脚一碰，碰到一个夹子，我如获至宝，赶紧拿起来夹在鼻子上。

这时，我才看到家里一片狼藉，妈妈捂着头坐在地上，爸爸正从一堆衣服里爬出来，只有妹妹坐在床上不知所措地看着我们，还在那傻笑。我顿时以百米赛跑的速度跑向窗户，“哗”的一声，窗户被拉开了，一股新鲜空气飘了进了，我赶紧把夹子拿了下来，大口大口地呼吸着新鲜空气，渐渐地，“毒气”散完了，妈妈一脸严肃地问：“这个屁是谁放的？”我和爸爸不约而同地摇摇头。

“那会是谁呢？”妈妈自言自语地说着，然后就打算走出这个房间，我和爸爸也准备出去的时候，妹妹忽然大哭起来，我们只好又过去哄她，就在这时，我又闻到了一丝臭气，和上次的有些相似，原来，是妹妹放的“毒气弹”呀！

“哈哈哈哈哈……”

就这样，笑声就来了！

滋养生命的“清泉”

郑如芳

提到一本书，首先让你想到的是什么？是拥有成千上万本，各类图书的图书馆，还是书中那些文字中洋溢着的喜怒哀乐？……而对于我而言，书就如一股清凉的，滋养生命的“清泉”。

记得有一次，我和妈妈一起去教育书店买书。可一进店门，当我看到那一排排琳琅满目的书时，我抵挡不住书的诱惑，“嗖”的一下，钻进了那拥有着无限知识的书海里头，开始了我的“寻宝之旅”。

我就用我的一双明锐的眼睛找到了“战利品”——阳光姐姐伍美珍的书！我急忙打开书，一页两页我像一匹饿狼贪婪地读着。我很快乐，也很惧怕——没看完就被妈妈叫回家的滋味！可当我看得正津津有味之时，却被妈妈的一句话：“天已经很晚了，该回家了”吓得我连书都丢在地上。我马上捡起来，微笑着对妈妈说：“妈妈，就剩一些马上看完，谢谢妈妈”。说完没等妈妈说我就继续看。

看着看着，我不禁被故事中的人物给吸引住了：书中的人物是怎样的一个性格，他有过怎样的经历……突然，我想起了妈妈，她还在吗？好在，妈妈还在，不过她一看见我，就朝我抱怨了起来："你怎么看得这么久，我都已经等四十分钟了，腿都站酸了。"我不好意思地对妈妈笑笑，拉着她的手，浑身轻松地离开了。当我准备走时，才发现自己的脚已经麻木了。而我刚才专心地看着书，竟一点儿也没发觉。

读一本好书就如和一个聪明的人谈话。"好书如挚友。"我想，只要多读好书，你就能和无数个聪明的人谈话。这样，你的知识就会越来越丰富！

吃的故事

黄霆羽

在我们的生活中酸甜苦辣都会经历过。俗话说"民以食为天"可见在人民的生活中是有多么的重要。那我们看看吃究竟有多么重要。

随着第三节课的下课铃响起，"铃声在耳旁回荡着，宛如一篇美妙的乐章。这篇"乐章"对学生们来说是放学的呼唤。但对吃货来说却是饭铃声，它提醒了他们应该去吃饭了。

我们到了托管班吃饭，只见到我的同班同学陈学烨兴高采烈地冲到了饭桌前。他的样子像一匹脱缰的野马在草原上奔驰着。这位兄弟在这儿写下了一篇不朽的传说。学烨吃起饭来狼吞虎咽。没一会儿的工夫就喝掉了一锅汤，嚼都不嚼的，待我打好饭回来就发现他已经吃完了两碗米饭了。每次吃完饭总是发现他的桌上一大堆的米饭粒。

因为他总是只顾吃饭，不管其他的事。相比起坐在一旁的黄善煌，就是天差地别。我问陈学烨：“你为什么吃这么快？这么快尝到了饭菜是什么口味吗？”他回答说；“因为我贪吃啊，至于味道嘛，有点儿淡。其他的就没尝出来了。”“这不就是猪八戒吃人参果吗？”我说着。学烨笑着把桌子擦干净了。

当夜幕降临之时，整个城市变得昏暗，突然一下子城市变的光彩闪烁，炫彩的霓虹灯把商场与街市变得光彩夺目。有幸我在回家的路上看着这一切。到了家看到一大桌的美食，已经饥肠辘辘的我马上洗手拿出勺子来吃饭，开心极了。

我发现外婆给我准备了我最喜欢的鱼。我马上夹起一大块来吃，鲜美的鱼肉在我口中酸与甜回荡着，我的味蕾在不停地变化，美味极了。在不知不觉中就把这条鱼吃完了。一下子我的心中充满了满足与幸福的滋味。

一道好菜有可能会发生许许多多的故事。它不仅会暖心暖胃，还会给人带来美好的回忆。每一粒米饭都是出于农民的辛勤劳动得来，每一道菜都是出自厨师的用心付出，正是他们的辛勤付出才有我们现在餐桌上的美味佳肴，我们都要好好珍惜享受这份来之不易的幸福。

傲慢先生

余超文

一天，我在房间里看书。看着，看着，睡着了。我发现我到了一个花园里，突然听见一个声音在喊："傲慢先生，傲慢先生……"

我说："是谁在喊我的名字？"

那个声音回答："我在你的手上！"

我打开手心一看，果然有一个小人似的东西。

我说："你找我干什么？"

"我听说你傲慢无比，没人理你，我想请你去一个地方。"

我说："哼！我为什么要跟你走？"

我嘴上这么说，脚却还是跟着他走了。他带我到了一个能容下他那么大的洞面前。我说："你这是在逗我玩吗，我可没有时间和你玩！"说着我就要走，突然，那个小不点儿说了些我听不懂的话，我就慢慢地变得只有他那么大小了。

他带我走进了那个小洞里，我们越走越深，突然，一道亮光射了进来，我看见了一片绿油油的森林，一个碧绿碧绿的小湖，一片蓝色的洞顶。这里就像是人间仙境。

在一个山顶上，有一座金碧辉煌的王宫，小不点儿带我进了那座王宫，里面有一个精灵王，他对我说："你如果再如此傲慢无礼，就会永远长不大了。"我觉得不可能，不过在这个地方还是不要对他这样吧。我又被送回了那个洞口，变回了原来的大小。

一天，我去商场，看见一个老婆婆向我问零食店在哪里，我说："走开，走开！"突然，我又变得和精灵王一样小的了。我吓得大喊一声。我发现我还在自己的房间里，原来我是在做梦啊！

我以后再也不敢傲慢了。

乐极生悲

方嘉煜

那是一个星期六的上午，爸爸、妈妈和姐姐都出去了。我一个人在家里无聊地看着电视。

突然，我发现了爸爸的手机，这真是千载难逢的好机会呀！我毫不犹豫地拿起手机玩起了久违的游戏。我的双手抱着手机，大拇指熟练地在屏幕上点来点去。我的眼睛睁得大大的，生怕错过任何一个精彩的细节；我的嘴巴闭得紧紧的，生怕因为发出声音而分散注意力；我的耳朵竖得高高的，听着那美妙的游戏伴奏声。我沉浸在游戏的快乐之中，忘记了一切……

突然，门开了，爸爸威严地立在门口，我的手像被高温灼伤了一般，以最快的速度扔掉了玩得滚烫的手机，假装看电视的样子。爸爸的眼睛像猎鹰一样盯着我，我大气不敢出，我的心剧烈地蹦跳着，感到只要一张嘴，心脏就要跳出来。时间凝固，空气凝固，我感到暴风雨就要来临，爸爸没有了往日的温和，他板着脸，一言不发，捡起沙发上的手机，打开，把用过的程序调了出来，马上明白了一切。

爸爸的眼睛直冒火，他叉着腰，指着我，对着我吼道："又玩手机，跟你说了多少遍，不许玩手机……"他一边说，一边拿出"家法"。他将鞭子高高举起，对着我的手心"啪啪啪"打了下去，他边打边说："说了不能玩，还在玩，我叫你玩，叫你玩！"他每打一下就说一句，那一声声的脆响，伴着爸爸一句句的责骂，合奏出我心中的悲歌。我感到每打一下，都会要了我的命，我的手火辣火辣地疼，手掌肿胀得要爆开。我咬紧牙关，一声不吭，任由泪水洗刷着我的脸。

我不知道我挨了多少鞭，爸爸终于停住了他的鞭子，我从阎王面前又活了过来。看着我红肿的双手，心里如万箭射来，我恨自己手痒，居然不听爸爸的话，玩起了该死的游戏，我这不是自讨苦吃吗?

唉，我真是罪有应得！突然，我总结出一句至理名言：快乐之极，忘乎所以，必定乐极生悲!

美丽的洞庭湖

刘绎珣

“洞庭湖美如画，八百里洞庭是我家”，可我从来没有好好地在湖边欣赏过。

那一次周末，妈妈心血来潮，说要带我去洞庭湖边看晨景，我激动得一夜没睡好，在床上翻来覆去，一下起来看看零食，一下起来看看旅行包，生怕少了什么重要的东西，我几乎是睁着眼睛待天明。

第二天，天还没亮，我就早早起床，洗漱完毕，一个劲儿催妈妈，妈妈好不容易才折腾完，我们在晨曦中出发!

一路上，风吹进车窗，撩起我的黑发，我的心也在风里荡漾。到了！洞庭湖浩瀚无边，云雾迷雾，一轮红日渐渐从湖里爬起来，湖面的烟雾渐渐飘散，天边的云彩映照中，仿佛给湖面披上了一块巨大的彩绸。

微风吹来，镜子似的湖面泛起层层波纹，宛若天仙少女嘴角漾起的微笑。湖边的柳树在晨风中梳着长发，一幅少女梳妆图映在了“镜子”里……一条小船水面上划开了一条水缝，不经意间，水缝合拢了，又形成了一块巨大的玉璧。

湖面上，不时有沙鸥飞过，它们欢叫着，在空中盘旋，时而像闪电一样掠过水面，时而又像箭一样冲向天空。蓝天、碧水、沙鸥、渔船……构成了一幅绮丽的画卷。

一张张渔网打破了湖面的宁静，一条条鱼儿在渔网中扑腾腾地跳跃，翻起了白花花的肚皮。小船上，鱼儿装满了仓，朝阳里，飘荡着渔民的歌，彩霞中，渔民收获着幸福！

洞庭湖，鱼米乡！我生在洞庭湖畔，喝着洞庭湖的水长大。洞庭湖的水哺育了一代又一代优秀的岳阳儿女。在晨风中，朝阳里，我立下志愿——我要快快长大，为洞庭湖的美丽再添一道彩霞！

一支珍贵钢笔

杨媛豫

这一支笔是红色的，上面画了一只小狗，笔头上还有一首李白的诗——静夜思。

这一支笔是我的好朋友送的，我的好朋友叫付彤。她个子不高，我们班的人都叫她小矮子。她留着娃娃头，小小的眼睛，透射着智慧的光芒。右脸颊还有一颗黑黑的小痣。这颗痣很显眼，让人一眼就记住她。我和她一年级就认识了，我们形影不离。我去哪里，她就跟着我。每一次下课，我和她一起打乒乓球，一起跳绳，一起看书，一起写作业，一起唱歌。我们经历了四个学期的风风雨雨，已经建立了很好的感情。可是，在第五个学期不知道为什么，她要转学了，当我知道这件事后，我无比伤心，她也眼圈红红的。在临走前，她用她所有的零花钱，买了这支钢笔，放在我手心上，我心里很高兴，也很伤心。她将所有的情意放在我的手心里，捧着这支笔，我泪流满面。

我将这支笔视为我的珍宝。有一次，大过年的，有很多大人和小孩都到我们家过年。有一个调皮的小朋友，摸了一下我的笔，我立马冲了过去，拿起那支笔。我大叫一声："别动，走开。"所有人都被我的声音吓了一跳。连楼上的都来问："怎么回事了。那个小孩哭了，妈妈把我叫到房间，骂了我一通。虽然被骂了，但是我也很开心，那一支笔没有摔坏。妈妈要我去安慰那位小朋友，我只好照妈妈说的去做。总算他没有哭了。"

我将这支笔小心地收藏在我床头边的小柜子里。每当我想起付彤时，我就会拿出来看一看，摸一摸，回忆从前我们在一起的快乐时光。

记一场台风

李佳霖

西边的天空中的最后一抹残阳从西边落下，天空是紫色的，橙色的，粉色的……

村边的田野里，麦子和高粱在微风里轻轻地摇曳着。田野旁的小空地上，有一只小黄狗和一位五六岁的小女孩儿在小房子旁玩耍，风儿轻轻地抚过小女孩儿的脸庞，她散落着的头发在风中微微地飘着，粉红色的花边小裙被风儿抚得舞来舞去，地隙里冒出的狗尾巴草和一些不知名的小花儿也在风中跳着优美的舞蹈。

“呼呼呼……”风儿忽然大了起来，像一群势不可挡的战马，又像汹涌的潮水向你涌来似的，小女孩儿和小黄狗急忙跑进房子，趴在床边看着窗外……

过了大概五分钟，台风真正登陆了，风肆无忌惮的向人们示威，“哗啦哗啦……”狂风夹着暴雨向村子进攻。它快速的打击着它能进攻的所有物体，地隙里的小草被雨滴打得难过地弯下了腰，花儿痛苦的忍受着暴雨的摧残，乡村道路上的行人急忙抱着头狼狈地跑到屋檐下躲雨，害怕地看着这一切。

风肆无忌惮地咆哮着，雨张牙舞爪地怒吼着，狂风呼啸，雨无情地捶打着一切，这好似恶魔占领了整个小镇一般，令人害怕不已。狂风放肆地毁坏这座城里的一切：路旁的狗尾巴草被风吹得直不起腰，在狂风中左摇右晃，雨“滴答滴答”地急促又有力地捶打在它柔软的身体上；风儿在花丛中打了个滚，又嬉笑着跑到另一处了，而花丛旁，零零散散的花瓣散落在地上，显出几分淡淡的忧伤，不一会儿，风儿又调皮地把它们卷走了，地上又显出一份静寂。

“呼呼呼……哗哗哗……”狂风狡猾的在大树旁打着圈儿，仿佛在与大树宣战一般，大树坦然的与风儿的比拼，但终究拗不过风儿和雨的吞噬，狼狈地躲在了地上；路旁的广告牌在狂风中拼命打着圈儿，他转得晕头转向分不清东南西东，只听“哐”的一声，它倒下了……

就这样过了一个晚上，雨渐渐小了，第二天中午，雨停了，到处都是浊黄色的水，狗尾巴草及其他一些不知名的草与花狼狈地散落在街道上，被水冲上来的井盖也被冲到了水洼里，孤零零的飘着，大垃圾桶也经不住折磨，倒在了地上，整个小镇都狼狈不堪。

这样一场疯狂的台风，在我的心中留下了永不磨灭的印象。

小蚂蚁特别烦恼

虽然在今后的生活中依然会听到大家的嘲笑声，依然会有着这样和那样的烦恼，但是我知道不管自己有什么样的样子，我们都应该勇敢地去面对它。

哈尔滨风光之中央大街

阎　实

上一次去中央大街还是夏秋交替之时。和妈妈一起有说有笑漫步街头，天微微凉！

站在中央大街街头，大街无尽的美就赫然映入眼帘！

我看见，中央大街上人来人往，都非常悠闲惬意，说说笑笑。或三五好友，或一家人，或跟随旅行社的大队人马，或各个商家做广告的玩偶人，最喜欢和那些可爱的玩偶合影了！人群中洋溢着快乐安详的气氛！

我看见，街道两旁的各种树木，有的已经掉落了一些树叶，叶子正在轻轻地飘走，落地，也是十分闲适安宁！还有的虽然被不算温柔的风吹过，却仍然固执的坚守阵地，不屈服！

我看见，树木掩映后的欧式建筑，在阳光的照耀下散发着古老而神秘的气息，特别是中央商城那土黄色的不规则高顶更是透着一种宁静优雅的味道，仿佛在诉说着一百多年的沧桑变化！

我看见，脚下的长方形面包石错落有致，冰冷却又拥有历史的厚重感。哈尔滨第一街果然名不虚传，轻轻地踏在上面，传来的凉意似乎可以浇灭心头的焦躁，让你心头舒爽！

我听见，微风漫过树梢，发出了“沙沙”的响声，好像再给落在树上的鸟儿伴奏。于是，这些调皮的小精灵就和它们的“伴奏大师”——大树爷爷一起谱出了一首又一首动听的乐曲！

我听见，街边商铺里流淌着或古朴，或优雅，或欢快，或激昂的曲调！这时候，乐声人声广告声，声声入耳！谱成一首快乐的庆祝之歌！

随着人群慢慢地走到了江边！

我听见，江水轻轻拍打着堤岸，好像和礁石在说悄悄话，他们之间一定有好多秘密，就不告诉你我！

我听见，街边马迭尔冰棍的叫卖声，心动加上行动。这美味的口感就在舌尖上蔓延开来，不顾妈妈的叮咛，大口大口地舔食着，这个时候真是满足啊！就连初秋的凉意也不觉得了！

我闻到，泥土的气息，江水的味道。沿阶而下一阵阵的水波涌向岸边，溅起的潮意遍布我的全身！

这就是哈尔滨的中央大街，一条一百多年的老街在等待远方的你的到来！

小蚂蚁特别烦恼

林舒宇

我是一只小小的黑色的蚂蚁。我在人类的眼中不如一粒沙子，但是我是自然界中的清洁工。虽然我是一只快乐的蚂蚁，但是我也有烦恼的时候，请来倾听我的烦恼吧！

首先看我的腿，又短又小纤细瘦长；接着看我的身体一节节的黑不溜秋；圆圆的小脑袋上长着一张尖细的嘴，头上顶着两根弯弯的触角。蜜蜂经常说："小短腿，别挡路"；蝴蝶时常嘲笑道："丑八怪，快走开，别影响我们的视线"；蝉说："小气鬼，顶着天线冒充电视机……"生活在这样的环境中我感觉自己越来越没有自信心了。现在大家知道我的烦恼了吧。

有一天我正在草丛中悠闲地散步，突然一块白色的大肉骨头映入我的眼帘。我像离弦的箭一样迈开我的小短腿"嗖"的一声冲了上去。"哈哈"，太好了，赶紧回去告诉伙伴们。一路上循着地上的气味，摇动着天线一样的触角朝蚁巢飞快移动。忽然，头上传来一阵嘲笑声，原来是一只大青虫。"瞧，这是谁啊？这不是我们的小黑豆……"话音未落，只见一片乌云突然从我头上飞过，啊！的一声大青虫不见了。抬头一看原来它在，一只饥饿难忍的大公鸡尖尖的嘴角上，由于我黑不溜秋，侥幸逃过一劫。看来黑也有黑的好处啊！

虽然在今后的生活中依然会听到大家的嘲笑声，依然会有着这样和那样的烦恼，但是我知道不管自己有什么样的样子，我们都应该勇敢地去面对它。

小红的梦

郑星辰

一个宁静的夜晚，小红梦见了许多许多的事物。她梦到了她和小伙伴们坐上了几朵蒲公英飞上了天空。她坐的蒲公英飞到了云朵上，小红把那像飞机一样的蒲公英插在云朵里。哇，云朵就像一间房子。里面有桌子、椅子、床、沙发那一些生活用品。她猜想着：这应该有主人吧？要不怎么会有那么多东西呢？她又回到了“小飞机”上。

飞呀飞，飞呀飞，她看见好朋友小明了，她飞过去、看到小明在抚摸着一只小鸟，她问：“小明，你哪来的这只小鸟呀？它受伤了吗？看起来无精打采的。”小明回答道：“小鸟翅膀受了伤。”小红默默地飞走了，她在心里祝愿小鸟赶紧好起来。

当她又看到老鹰时，她非常害怕，可是老鹰好像也注意到了小红，径直冲过来，在这危急时刻风伯伯把“小飞机”吹进了山洞里，她安全了。她在山洞里发现了小伙伴们，她激动得流下了眼泪，小伙伴们向她跑过来，他们抱在一起每人说出自己所遇到，看到的东西……

当山洞洞口被封住时，丁零零，闹钟响了，小红醒来时，觉得这梦好刺激，好好玩。于是她把梦告诉妈妈，妈妈听完笑了，小红也开心地笑了。

一路上，众色彩

陈婧茜

简单的摆设，简单的调调，抛开外面的喧闹霓虹城市。宁静环境，淡淡清香，这里属于你。

抬头望见的天空，是蓝色的。低头听见的流水声，是清澈的。

静静欣赏的鸟语，是红色的。它们带着热情、清爽、愉悦，出现在我们的眼前。人生，是一条漫长而又孤独的路。你不知道它的尽头在哪儿，想停下时，却又不能停下。这条路是什么颜色的？大概是红色的吧。那么这条路上肯定有许多热情的象征。像是自由的热气球，抑或是四射的光芒。来自这条路的你，我想告诉你“世界上只有一种真正的英雄主义，那就是认清生活的真相后依然热爱生活。”这条路是什么颜色的？大概是黄色的吧。那么这条路上肯定有许多温暖人心、明亮的象征。像是沐浴在阳光中的花束，抑或是为你指路的明灯。来自这条路的你，听我说。孤独是你的必修课。人都是孤独的，孤独不可怕，可怕的是惧怕孤独。想要摘星星的孩子，孤独是我们的必修课，我不怕自己努力了不优秀，我只怕比我优秀的人比我更努力！这条路是什么颜色的？大概是蓝色的吧。那么在这条路上肯定有许多平静的象征。像是大海，抑或是天空中淡淡飘浮的带点儿蓝色的云朵。来自这条路的你，我希望我们都能记住那些在你生命中留下一笔的人，那些在深夜陪你聊天，那些默默陪在你身边，那些生病时在你左右，那些你难过时会想到的人。这条路是什么颜色的？大概是紫色的吧。那么这条路上肯定有许多神秘的、感性的象征。像是阴森的密林，抑或是《哈利·波特》中的情节出现在这里。来自这条路的你，愿你能从容面对命运的节点，笑着看待离别，对陪伴过你的人都能心存感激；愿你能经受住所有的人物是非，然后依旧故我，从而找到那些真正珍贵的东西。那些东西，是需要你用心去看，用心去寻找的。这条路是什么颜色的？大概是黑色的吧。那么这条路上肯定有许多拒绝、放弃、不安的象征。像是寂静的、黑压压的天空，抑或是一个深沉的妆容。来自这个世界的你，你要去相信没有到不了的明天。愿你找到在迷茫时支撑你前进的东西，那个就是信念。

一路上，众色彩……

愿有人陪你颠沛流离，如果没有，愿你成为自己的太阳。

我眼中的秋天

顾心悦

秋高气爽，凉风习习。

果园里，树上结满了各种各样的水果，红艳艳的苹果挂在树上摇摇晃晃，像一个个小灯笼呢！ 梨黄澄澄的，他们挤来挤去，像是几个顽皮的小男孩儿正在开心地玩耍呢！石榴咧开了嘴，乒乒乓乓，几个小石榴籽跳了出来，开始了它们快乐的旅程……

田野里，一束束金黄的麦穗在微风中翻起了一层层美丽的波浪，高粱东倒西歪，像一个个在田间行走的农民。

大树上，一片片枫叶都红了，像一枚枚邮票，飘哇飘哇，邮来了秋天的凉爽。

过了一会儿，美丽的枫叶从树上一下子“飞”了下来，像一只只优美的蝴蝶在翩翩飞舞着呢！

天空中，大雁们都开始“搬家”了，它们陆陆续续地排着整齐的队伍地向着南方飞去，“呀一呀”地叫着，像是在说：“亲爱的朋友们，再见了。等到了春天时我们就飞回来了！”

秋天，是一幅五彩缤纷的画卷，一勾一画都溢满了色调。

我穿过一条小路

李昊佳

我穿过一条小路，那条路是用沥青铺成的，凹凸不平，有许多尘土堆积在凹下去的地方。墨黑色的路，在树丛中环绕，仿佛在诉说它曾经历过的曲折故事。我穿过一条小路，小路很幽静，除了我没有其他人经过，这里是属于它的天地。小路边的树木郁郁葱葱，点点阳光从树叶的缝隙中洒下，印在小路上如细碎的星星。我穿过一条小路，路边的有一棵特别的树，树皮很脆，我拨下一小块仔细观察，树皮上有许多深深的沟，也有高高凸起的地方，贴在树干上，像一座连绵起伏的假山，也像老人布满皱纹的脸。我穿过一条小路，两旁有斑驳的水泥墙，我用手指轻轻地触碰了一下，很粗糙，就像是还未打磨的石头，水泥泛着灰色。我抬头望天的一角，只看见乌云的色彩。我穿过一条小路，路旁有一块小石头，我蹲下身子把它捡起来。这块石头或许是别人从附近的小溪捡拾过来的，因为它不像水泥墙那样粗糙，摸起来十分平滑，就像玻璃球一般。我穿过一条小路，微风轻柔地吹拂着我的脸庞，带着一缕香气。远处传来叮叮当当的声响，像是一串风铃在风中舞蹈。我穿过一条小路，然后又走进城市的快节奏生活中。

望庐山瀑布

郑如芳

“兜兜转转，又回来了！”我一手拿着酒杯，一手撑着脑袋靠在石头上，自斟自饮，这样的场景很熟悉，我微闭着双眼，醉意蒙胧，渐渐地，漫游到了另一个世界里。

眼前一片秀丽景色，没有官场的斗争，没有权利的争抢，只有一座座连绵不断的山峰，那山上烟雾环绕，好似神仙居住之地。正当我看得出神，山上飘下来一朵朵烟雾，定眼一看，竟是吕洞宾，张果老等八位神仙！我与他们相聚在一起，共同饮酒作诗好不快活！可俗话说，天下没有不散的宴席，八位神仙也要与我一一道别了，临走前，他们赠予我一礼物，说要等到走了才能打开，还一遍又一遍地允诺，礼物一定十分美好……

“哗……哗……”我被一阵如大雨落鼓的声音给惊醒了，睁眼一看，我竟靠在庐山瀑布旁的石头上睡着了！刚才的情景只是一场梦，我不由得叹息起来，无意间，我看见山上隐隐约约有云雾弥漫，想到神仙们大概就是从乘那云雾回天宫的吧。那他们送我的礼物，难道是这壮观的瀑布吗？

我心中激动万分，望着这幅美景，不由得大笔一挥，写下了李白的那首诗：《望庐山瀑布》。

日照香炉生紫烟，遥看瀑布挂前川；飞流直下三千尺，疑是银河落九天。

我看着眼前的诗稿，心中也激起了千层浪。

木偶剧场

刘睿希

在一个漆黑的夜晚，橘子和她的好朋友梅一起去探索那座已经废弃多年的木偶剧场。

他们蹑手蹑脚地穿过破旧不堪，挂满了蜘蛛网的铁门，里面伸手不见五指。梅正想打开手电筒，然而场内的灯就突然打开了，照射出一股诡异的光，从不远处传来一阵沙哑的女声："欢迎来到木偶剧场，呵呵，请坐好吧，演出马上要开始了，哈哈哈哈……"这声音令人毛骨悚然，橘子吓出了一身冷汗，但他们还是立即坐好了……

肮脏的红布徐徐拉开，一个歪脑袋的木偶蹦了出来，对着橘子和梅不怀好意地笑了笑，然后便把嘴巴一张一合地念着：

勇敢的骑士们，
那柔软的波斯座椅
便是你们的墓地
一定要当心啊！

勇敢的骑士们，
那诱人的美食呀，
就是完美的陷阱，
一定要注意呀。

这首童谣刚唱完，灯光就变成了红色，只见不远处一把豪华的波斯椅露了出来，梅突然不见了……

橘子心想，梅去哪儿呢。

是啊，梅去哪里了……

凌晨三点的思考

李昊佳

那是一个夏天的傍晚，月朗星稀，陈大鹏在家里睡觉。他是一名歌唱家，仗着自己得那么一点点的荣誉，逢人就夸，很是骄傲。

夏天的蚊子心狠手辣，虽然陈大鹏在睡前用电蚊拍死了许多，但是蚊子嗡嗡叫的声音仍然在他的耳边萦绕。

凌晨两点，小区突然停电，空调也停止了工作。三点时陈大鹏被热醒了，此时他被蚊子叮了许多包，刺痒刺痒的，怎么挠都没有用。陈大鹏想，我就得了这么少的荣誉，何不再做一些研究蚊子的工作，让自己更有名气，并且造福人类呢？想到这里，他一轱辘爬下床，随手打死一只蚊子，放在台灯下仔细看起来。

这是它的眼睛，这是它叮人的地方……陈大鹏拿出了放大镜，聚精会神地盯着蚊子的尸体，就在他研究得正起劲儿之时，蚊子的声音再次传来，让他心烦意乱，他向门外走去，想到夜深人静的楼下散散步。

楼下没有半点儿声音，只有小区外的大街上零星的车呼啸而过的声音传来。深蓝的天空中惨白的月光洒在地上，让人更感觉到凄凉，陈大鹏感到平静了一点儿。可这时蚊子的声音又一次传来，他挥挥手想赶走他们，可是根本赶不走，陈大鹏跑起来了，他想摆脱蚊子，然而他们如箭一般的向他扑来，他越跑越快，跑进了草丛。

陈大鹏踩到了一块石头上，一个趔趄滑倒了，蚊子顺势群起而攻之。

从此以后再也没有人看见过他——陈大鹏。

一颗神奇果子

林悠娴

放飞白朵儿

“老公，你看我们的米琪多可爱！”一个平凡小城的一座房子里，一位年轻的妈妈抱着一个白白胖胖的婴儿，向一旁的丈夫甜笑道。小婴儿有一双葡萄般的大眼睛，红红的小嘴巴抿得紧紧的，似乎随时都要爆开。她已经一岁多了，正处于喜欢到处乱爬的年龄。

家里的书桌上，有一个玲珑小巧的鸟笼，里面有一只小鸽子，浑身的羽毛白的像雪，一根杂毛也没有，我们就先叫它“白朵儿”吧。此时的白朵儿懒洋洋地蹲在笼中的一根小树枝上，美丽的大眼睛里充满了忧伤。森林，此刻对它来说是一个遥远的梦想。那儿的生活多好啊，空气清新，树木繁茂，到处都是鸟语花香。可这儿，天空不再蔚蓝，空气也不再清新，到处都是汽车的鸣笛声，而它，也不能再自由自在地飞来飞去了。

婴儿床放置在书桌旁，米琪每天都躺在婴儿床里，吮吸着指头，眨巴着大眼睛，看着白朵儿。她看到白朵儿经常用小嘴巴去敲门锁，咕咕地叫着，显出一副焦急的样子。米琪看在眼里，记在心上，聪明的她一下子就读懂了白朵儿的举动——它是想家了。小米琪想把锁和窗户都打开，让白朵儿飞走，重获自由。于是，才一岁多的米琪小心翼翼地爬下小床，爬到了书桌旁边，用尽吃奶的力气倚着椅子往上爬。好了，快，只差一厘米了！就在这时，米琪翻了个身，便卡在中途上不去了。米琪急得满头大汗，呜里哇啦地叫唤着。爸爸妈妈一听到就赶忙跑了过来，“宝贝，宝贝”地叫着。米琪便指着鸟笼呀呀地叫着，手不停挥动着。爸爸一时间不明白米琪是什么意思，妈妈哽咽着说“我们把白朵儿放了吧。”爸爸一愣，眼眶湿润了，随即就掏出钥匙打开了鸟笼门。白朵儿扑扑翅膀，深深地望了米琪一眼，扑棱着翅膀飞走了。

吃下神奇果子

米琪逐渐长成了个豆蔻少女，小时的稚嫩渐渐褪去，没有褪去的是那颗爱鸟的心。

一天晚上，米琪又因为考试成绩不理想而和妈妈吵架，势单力薄的她最终只能以失败告终。米琪流着苦涩的眼泪躲进卫生间，泪水浸湿了她的长发，大眼睛里的活泼和快乐一去不复还。“为什么没有人能理解我呢？”悲伤的米琪对着镜子问了一遍又一遍，她多么想像天空的鸟儿一样自由自在啊。疲倦不知不觉包围了米琪，她带着泪水睡着了，惨淡的月光照着米琪。

“米琪，米琪，醒醒！”黑暗中，一个苍老而又慈祥的声音在米琪耳边响起。米琪揉揉惺忪的睡眼，站了起来。眼前是一个大约七十几岁的老婆婆。虽然她脸上布满了皱纹，却脸色红润，皮肤雪白，头发乌黑亮丽，两只眼睛笑眯眯的，显得十分愉快的样子。再看，老婆婆上身穿着一件不知用什么鸟儿的羽毛织成的蓝色衣裳，外面披一件白色的孔雀纱，下身穿一条黑色的乌鸦毛长裙，绣花鞋上绣着百鸟朝凤的图案。

米琪看呆了，惊讶地问：“老婆婆，你，你是谁呀？”

老婆婆笑眯眯地说：“我？我是掌管众鸟的鸟婆婆！”

“啊？鸟婆婆，您找我有事吗？这是哪儿啊？”米琪疑惑地看着鸟婆婆。

“这儿是鸟的乐园——凤明。你一直以来都乐于帮助各种各样的鸟儿，我要送你一颗神奇果子，吃了它你就能听懂鸟语了。”说着，鸟婆婆从衣袖里掏出一枚苹果大小的果子，递给米琪。那果子外表光滑圆润，颜色雪白，上面数块蓝色的圆形图案，圆圈里有五颗闪闪发亮的小星星，就像一片美丽的星空。

米琪正要道谢，鸟婆婆制止了她：“您帮了我们那么多忙，送一枚小果子是一件小事，根本不算什么！”她对米琪笑吟吟地说：“时间不早了，请你坐在我的背上，我送你回去吧！害怕的话就闭上眼睛。”米琪跨在鸟婆婆的背上使劲儿地捂住眼睛，只听见耳边呼呼的风声，远处传来一阵甜美的歌声，就像来自大海的美人鱼的歌声，米琪不知不觉沉醉了。就在这时，她听到耳畔响起一声话语：“回去吧，孩子。”米琪感到自己被人推了一下，就醒了。

已经清晨了，米琪从那张铺着天鹅绒的小床上慢慢地坐起来，不经意间瞄了一眼床边的书桌。她“呀”地叫了一声，那洁净的桌子上放着的，不正是神奇果子吗？米琪一伸手，把果子拿了过来，一遍又一遍地抚摸着，接着，她小心翼翼地咬了一小口果子，呀！真是又甜又脆，像沙枣一样，米琪忍不住又咬了一口，再一口……啊！一股麻酥酥的感觉从脚底传遍全身，渐渐地，她能听懂窗外的小鸟在说什么了。

“啾啾，哈，今天搬家啰！”

“嗯哼，拜拜，脏兮兮的城！”

“永别啦，没有树的城市！”

……

说服厅长植树

窗外那群美丽活泼的小鸟竟在说着这些。向来爱鸟的米琪吓了一大跳，赶紧跳下床，穿上一条荷叶边的绿色短裙，一双白色长袜和一双深绿色的小皮鞋。“咯噔咯噔”地跑上楼推醒妈妈，向她说明了情况。妈妈先迷迷糊糊的，听完米琪的话后，便哈哈大笑，说道：“米琪，你童话书看多了呢！后天就要上学了，快去休息休息吧！”说完，妈妈就自顾自地躺下睡觉了，任凭米琪再怎么大叫也无济于事了。

米琪没有办法，只好坐在楼梯上望着窗外发呆，突然，她灵机一动，想到了一个好办法。米琪用皮筋给自己绑了个麻花辫，写了一张纸条放在饭桌上，那纸条上是这么写的：

亲爱的爸爸妈妈：

我出去办一些事情，很快就回来，你们不用担心。

你们的宝贝女儿：米琪

2017年5月23日

米琪踏着晨光，拿着手机，在百度地图的帮助下找到了林业厅，对着保安说："你好，我有很重要的事要向厅长报告，请给我开门！"保安赶紧打开大门，让米琪进去了。这时已经是早上八点了，米琪直奔厅长办公室。

厅长办公室到了，米琪放慢了脚步，推开房门，小心翼翼地问："厅长在吗？"话音未落，一位中年男子缓缓抬起头，既温和又威严的眼神望着米琪："小朋友，你找我有事？"米琪一听，赶紧走到他的面前："是的，厅长叔叔，我想你一定也很爱听小鸟们在树上欢快地唱歌，看成群的白鸽从头顶掠过吧！可是，最近您是否发现小鸟们都不叫了，也很少看见鸟儿们的踪迹？"厅长先是点了点头，又皱了一下眉头，说："嗯，听你这么一说，好像也是。最近小鸟们是不大正常，嗯……你怎么想？"从厅长的话语中，米琪感到他对自己这小孩子的重视。平常，那些大人们对小孩不是爱理不理，就是蛮横地让孩子们滚开，而这位厅长……米琪忐忑的心平静了几分，她盯着厅长的眼睛，认真地说："谢谢您对我的信任，至于建议嘛，很明显，当然是要多种树，保护树木啦，您难道不觉得这一两年，我们城市的树木越来越稀少，空气越来越混浊？这都是因为树木减少而造成的啊！"厅长瞪大了眼睛，他可真有些佩服眼前的这个小女孩了："好，就这么办！你真是青少年们的骄傲！"这串话像一股清风，吹亮了米琪的眼睛，她感动得不住地说："谢谢您，我替鸟儿们谢谢您！"

重逢白朵儿

米琪哼着歌走在回家的路上，脑海中还回想着今天发生的激动人心的一幕幕，就在这时，旁边树枝上飞下一只白鸽，它羽毛雪白，嘴巴红红的，就像一粒小红豆，那双蓝色的大眼睛扑闪扑闪的，就像美丽的蓝宝石。它冲着米琪用鸟语大声地叫着："米琪米琪，我回来啦！"米琪听到这熟悉的声音，心里一震，流下了眼泪，她呜咽道："呜，白……白朵儿，我还……以为你……你再也不回来了呢！呜……"

白朵儿笑嘻嘻地说："哼，我是那种忘恩负义的鸟吗？我这次回来可是要永远跟在你身旁的。"米琪一听，感动得一把鼻涕一把眼泪地捧着白朵儿。

勇斗黑星星

在路上，米琪和白朵儿互相诉说离别后的遭遇，竟然没注意隐藏着的危险。

"喵呜"，随着一声凶狠的猫叫声，一只黑猫出现在她们的面前。它毛色深黑，上面布满了深蓝色的小点儿，远看就像一匹黑色的绸缎，上面布满邪恶的眼睛，这只猫名叫"黑星星"，是这一带有名的恶猫。此刻，它正虎视眈眈地盯着白朵儿和米琪。米琪打了个寒战，下意识地看了看四周，一个人影也没有。黑星星的尾巴逐渐竖了起来，它发动了进攻。只见黑星星向白朵儿一个猛扑，张开了嘴巴。吓！那大嘴里的牙齿像极了一把把锋利的匕首。"咕咕咕"白朵儿连声惊叫，拍打着翅膀躲开了。这下米琪遭殃了。"黑星星"转过身，面对米琪，那铜铃般的眼睛闪烁着红色的光芒，它闪电一般地跳起来，朝米琪就是一扑。米琪的小身板一下被扑倒了，"黑星星"站在米琪的胸前，两只眼睛贪婪地盯着她，口水都快落下啦了。"怎么办？怎么办？"米琪心急如焚，就在这千钧一发之际，米琪感到压在胸前的爪子突然松开了。她用手臂撑起身子，一看，呀，原来是白朵儿为了米琪的安全，奋不顾身地扑向"黑星星"使劲儿地啄它的眼睛、鼻子。"黑星星"一时不察被白朵儿啄了几口，疯狂地"喵喵"

乱叫，辨清了白朵儿的位置后，就一个箭步冲向白朵儿，血盆大口喷出一股股腥气，惊得白朵儿扑掉了一地羽毛。说时迟那时快，米琪捡起路旁的一根木棍，使尽全身的气力砸向“黑星星”，正中黑星星的脑门，这时，飞来了一群的鸟儿，它们奋不顾身地冲向黑星星，有的啄向它的眼睛，有的在它的脊梁上啄下一块肉……黑星星发出“喵呜”一声惨叫，像只没头苍蝇似的乱窜，一阵乱打乱抓之后，黑星星猛然睁开双眼，腿不再乱蹬，它缓缓地倒下，在空中留下一道弧线。

米琪双腿一软，瘫倒在地上，回过神来，米琪奇怪地问在身边扑棱着翅膀的鸟儿们：“你们为什么冒着危险救我和白朵儿呀？”

鸟儿们围着米琪叽叽喳喳的，“米琪米琪，我们都听说了，你今天帮我们做了件大好事。”

“是呀是呀，听说厅长正在开会要求每个小区、每个街道都要植树种花，要给我们建设美好家园呢！”

“米琪米琪，你是我们的守护神。”

“我们决定了，不搬家了，我们要和你在一起。”

“我们一听说你有危险，就都赶来帮助你啦。”

……

美好的结局

两年后，已经是初中生的米琪走在林荫道上，两旁的蓝花楹、合欢花、广玉兰开得正好。一路上，树上的鸟儿不停地同米琪打着招呼，一只雪白的鸽子一会儿在米琪的身边飞舞，一会儿停在米琪的肩头，不知在说些什么……

鼓山片影

胡钰茜

那是二月下旬的某个早晨，我来到了鼓山，那里的风景独好。

我看见，一棵棵桃树在迎接我的到来，桃花仿佛是一个个花仙子正在呼唤着春天的回归，站在高高的枝头上摇晃。

我看见，一朵朵迎春花挂在枝头，像一盏盏金黄色的小灯笼。照亮赏花人的脸。

我看见，茂密的草丛里开着一朵朵不知名的小花，仿佛像一群顽皮的孩子正在捉迷藏。

我看见，一棵棵松树在寒风中挺拔地站着，像一位位士兵正在寒风中看守着自己的家园，严寒已过，春意正好。

我听见高大的树上传来了鸟儿们欢快而动听的歌声，把世界唤醒了。

我听见池塘里不时地传来青蛙的欢叫声，在池塘上空回荡。

我闻到雨后泥土散发出的清香，让人心情舒畅，眉开眼笑。

我感受到微风拂过我的脸庞，带来阵阵凉爽……

我的心已被这美丽的景色俘获，似乎找不回来了……

古城·黄狗

席思远

我的故乡在黑龙江，那里有一座古城，古城早已被荒废多年，上面结满了蜘蛛网。

我小时候经常跑去那里玩，望着那些破旧不堪的柱子，我的脑子里不禁冒出了一个个幻想：难道这里闹过鬼？难道这里以前是战场？我将这幻想融入了童年里，成了我的一大乐趣。

我喜欢趴在古城的窗台旁看夕阳，当看着满天的红光消失在我眼里时，心里的惆怅仿佛也随着消失了。古城的旁边有一棵老树，小伙伴总是怕那个地方，可我偏偏喜欢，当我歪着脖子躺在树下看着古城时，不禁想：也许这古城和老树是一对好兄弟吧。

古城的一砖一瓦都是精细雕砌的，像是刚从烧锅里出来的一样，每次看到这些做工精细的瓦片，我总会想起我奶奶家的大炉子来。奶奶家的炉子总是没完没了地烧着火，在冬日里燃烧了我的心。当落日的余晖洒到那砖瓦上时，我感觉古城像是被披上了一件袈裟，变得庄重起来。

家乡还有一条白狗，它总是穿行在路人之间，四处扑咬捣蛋。小孩子们总是对它抱着又恨又怕的心态。但它遇见我时，就跟一条家犬一样，温顺地站在我的身旁。

我最喜欢白狗站在夕阳里的样子，它全身的毛就变成黄色的了。“黄”狗那本矮小、萎缩的身影就被拉长、拉大了。“黄”狗在夕阳里就是一只“藏獒”，谁能相信，这样一只“藏獒”竟然能乖乖地躺在我的怀里。

记得有一次，院子里有一只大黑狗不知为何向我发起了攻击，这时白狗正在我的身边，只见它立刻冲了上去，和黑狗扑咬起来，而我这个“孬种”只能站在一旁呆呆地望着它们，什么也干不了。刚开始，两只狗势均力敌地扑咬着，大有谁也不让谁的态势。但渐渐地，我发现白狗已经开始力不从心，已有处于下风之势，这时黑狗就开始得意地犬吠起来。正在这时，只见白狗猛地扑上去，咬得黑狗落荒而逃，之后白狗并没有表现出胜利者的犬吠，而是慢慢地走到我的身边，深情地舔着我的脸颊。那一刻，白狗就如天神下凡，变得好美好美……

我去古城时总是带着它，当我们坐在窗台时，望着月亮发呆的时候，月光温柔地洒在我们的身上，犹如一道乳白色的钟罩把我们紧紧地包裹在一起，让我们变得无比亲密。我忍不住想：这就是我生命中最美的地方吧！

尽管已过去多年，但故乡那古城、“黄”狗总是让我不能忘却。故乡啊！你就是一棵没有年轮的树，永不老去！你就是那游子梦中的圣地！故乡，我会永远爱你！

我的同桌

黄霆羽

同班同桌是幸福的。每天一起学习是幸福的，一起说笑是幸福的，一起长大更是幸福的。

我的同桌是一个在班上出了名的大胖子，他的名字叫林梓航。身高一米七八，体重一百八十四斤，身形硕大。我记得上一次他在学校体检的时候，躺在桌子上医生来为他体检，“咣当”的一声那个桌子毁掉了，并且再也不能修复，把大家给吓坏了，希望他少吃多运动，减减肥。大家别看他这么胖其实很幽默的。

有一天我们在课上写作业怕被老师发现了。但就我们两位“巨人”的一举一动几乎都会被老师发现的，可我们还是坚持在写作。老师刚刚回过神来我们就开始演戏了。装作是在抄课堂笔记的样子。我俩与老师就这样开始耗上了。一整节课过去了我们俩是心意相通合作了整整一节课把作业做完了，这真是神队友呀！

我记得还有一次做体检，要开始抽血了。我胆战惊心地把手伸向了抽血台上，心里特别的害怕。我的那位同桌对我说；“没事的，不要害怕。”我听到了这句安慰的话之后一下子就振作了起来，让医生给我抽了血。抽完血，我这位同桌对我说：“我们打个赌吧。待会儿我抽血要抽两瓶才可以抽到一滴血，你信不信？”我回答：“我不信。”他说：“那待会儿我们见分晓。”之后在我的眼中出现了惊人的一幕，他说的是真的，抽了两瓶才可以抽到血，那场抽血一共抽了整整十分钟。当时他的表情着急。他抽完之后还说；“我厉害吧。”我拍了拍手夸他说：“是的，好厉害！”我问你：“你是怎么知道的，还有那两瓶中装的是什么东西？”他欢笑的回答：“因为我在医院体检时也是这样的，那两瓶是脂肪。”随后我眨了眨眼笑了起来。

虽然他胖但很幽默也很聪明，还会安慰人，我喜欢他，很高兴有这样一个同桌与我一起幸福成长。

我爱你！我的好老师

陈思涵

班主任陈老师，也曾是我们班的数学老师。她是我最喜欢的老师之一。

她那双圆圆的眼睛，闪闪发光，像一对黑宝石；她乌黑的齐肩短发，是那么的光滑，让人总想摸一摸。让我记忆犹新的是：她弯腰帮我讲解难题时，经常露出耳朵傍那颗俏皮的小黑痣。

我的陈老师是温和幽默的，她如果听到有同学在说笑话，也会过去把这个笑话说得更具体，更生动，更好笑。逗得大家哈哈大笑。所以全班同学都很爱她。

我的陈老师是认真严肃的，课间如果看到有的同学玩危险游戏，或在走廊嬉戏打闹，她总会对他们狠狠地批评教育一顿，所以全班同学都很怕她。

我的陈老师是关心爱护我的，经常表扬我守纪律，爱劳动，爱学习，还把我的作业，考卷投影给全班同学看，特别表扬我的书写很工整。这件事让我非常感动，心中暗暗下定决心要写得更好些！于是我要求妈妈帮我报书法培训班，我特别有兴趣，每天晚上都很认真完成每日一练——反复看视频，反复练习。终于我参与到了出黑板报的队伍中来了。

我的陈老师是教学能手，因为陈老师，我最喜欢上的课是数学课！因为希望被展出的试卷没有打叉，我最认真上的课是数学课。每一次数学考试，我都想把字写得漂亮点儿，把题目做对，所以写得很仔细，很慢，经常下课了还写不完，陈老师都不会催我，总是耐心地等待我，让我有足够的时间把一切做好，做完.....在陈老师的不断鼓励下，每次考试我几乎都是95分以上，陈老师又拿我的试卷展给全班同学对答案。后来我就越写越快，都能按时考完了，还获得了“校善学之星”的称号呢！这一切都离不开陈老师真诚的鼓励。

上了三年级，听说陈老师怀孕了。我想陈老师应该不能给我们上课了吧？没想到，开学第一天，她却挺着大肚子来给我班上课。

转眼到了下学期，陈老师休产假不能来上课了。每次看到新来的老师，我都会想起我的陈老师，我依然很喜欢上数学课，只是陈老师——依然是我印象当中最深刻的好老师，我一直忘不了她！

离别的车站

冯千原

车站是个充满喜怒哀乐的地方。车站广场上人潮涌动。环顾四周，在来来回回的人群中没有一个熟悉的身影。

在车站偏僻的角落，有一些流浪汉，他们打着地铺，有的披着老旧的军大衣缩在一起相互取暖。有的抱着孩子，蜷缩在破旧的棉絮堆中哄孩子睡觉。人们从他们身边匆匆走过，冷漠的脸上略显一点儿不屑之色。

镜　头　一

她步履蹒跚，提着一小塑料袋零食颤颤巍巍赶到女儿身边用沙哑的声音叮嘱："拿着路上吃。照顾好自己。在学校要好好学习……"这位老母亲是要送去外地上大学的女儿。女儿的双眼噙着泪，答应道："好的，好的，知道了，您也好好照顾自己的身体。"边说边向站台赶去，一步三回头地看着人群中翘首朝自己挥手的老母亲。微风吹起母亲蓬乱的白发，也吹红了女儿的眼睛……

镜 头 二

一个小女孩儿拉着母亲的衣襟，手中拿着气球，边唱边跳，还不时地说："我们要去旅游啦！"在等车的间隙里，小女孩儿高兴地围着爸爸转圈儿，内心那喜悦的花儿早已绽放在脸上。爸爸满脸幸福地抱起小女孩儿，亲昵地在她脸上咗了一口，笑着说："我们小公主要出去旅游啦，开不开心？""开心，跟爸爸妈妈一起最开心啦！"妈妈在一旁静静地看着父女俩，脸上洋溢着幸福。

镜 头 三

此时，有一位年轻女子踩着高跟鞋，昂头挺胸，踏着优美的步姿来到了候车点，整张脸上写着三个字：优越感！那脸上浓妆艳抹，那眼睛里空空的，周围的一切都不入她的法眼。一位粗心的扫地大妈不小心弄脏了她的皮鞋，这一下子就点燃了这位少女的怒火，原本精致的面容此刻变得狰狞丑陋，一连串的脏话就从她的嘴里蹦了出来："嘿，你这老东西没长眼睛吗？……"扫地大妈不停地鞠着躬道着歉！原本着急的脸上也冒出了汗水。周围的人开始对她议论纷纷，指指点点，少女见状，随口说了一句："好吧，看你这把年纪，原谅你了！"说完，赶紧拉起行李箱匆匆离去。

一列列火车呼啸而过，等车的人们望着轨道的远方，交谈自己的故事，彼此不熟悉的他们没多久就成了好朋友。又一列火车开走了，只留下一阵风卷起细沙。

我观察过的一个夜晚

李思晓

夕阳将它最后的一丝光辉洒向大地，就躲到山的那边去了。天变成了几部分，像极了千层糕。皎洁的月亮摇摇晃晃地升上了天空。只有几颗小星星孤单地陪着她。我站在阳台上乘乘凉，顺便观察一下夜晚的美景。

我伸出头向下看去，马路上闪烁着五彩缤纷的车灯，车流缓慢地移动着，仿佛是一条永无止境的银河。路旁的大树孤独地站在角落，静静地看着周围的一切。呀，有小偷！他以为没人知道他偷东西，其实大树都看到了。一群小男孩儿在说悄悄话，他们以为没人听到，但其实大树也都听到了！大树之间穿插着热心的路灯，人们就好像是他们的孩子，他们总是散发出柔和的光芒，为人们指明方向。

接着，我的目光移到了天和地之间，我看到了什么？当然是有着五彩亮光的高楼大厦咯！那些亮光的形状真是太多了。有横条的，有斑点的，有小动物的……有的大厦上没有亮光，而是贴了一些海报，不过也挺好看的！

最后我抬头仰望那深沉的，漆黑的夜空。夜空中还是那些熟悉的景物，幸运的话还可以看到几架飞机从空中掠过，也就不新鲜了。

夜渐渐深了，我伸伸懒腰回房睡觉，做了个香甜的美梦。

哎呀，我变成了一只兔子

郑晨蕾

醒来，我伸展了一下身子，像往常一样站了起来，向镜子走去。这时我突然发现我的身高竟然不够看到镜子里的自己。我看见旁边有一张椅子便蹑手蹑脚地登上了，想一看究竟。一看见镜子，我便看见了一样生物，它的皮毛白白的，眼睛如同宝石一样耀眼，长长的大耳朵显得它十分可爱，敏感的鼻子下面长着一个三瓣嘴。这不是兔子吗？我开始寻找它，竟什么也没找到。这时候才发现，我就是那只兔子。

慌张的我

啊，这是怎么回事？我怎么变成了一只兔子？这是为什么呢？正当我疑惑时，凝神一想。哦，昨天妈妈带我去打针，医生拿针的时候和一个手中拿着兔子基因的护士碰撞了，两个人的针都掉到了地板上。莫非就是在那个时候……我不管我不管！我开始怀疑这是不是个梦，所以拼命撞墙，总之我用尽所有来证明自己不是一只兔子的事情，可是都没有用。我悲剧的躺在地板上。

愤 怒 的 我

我来到了客厅，本以为妈妈会十分喜爱我，谁知她竟十分厌恶地看着我，并把我丢出了门外。嘴里还说着：“哪来的一只兔子呢？还是尽早扔掉的好？”我就这样被扔掉了。这时一个看起来一肚子坏水的人捉住了我！原来他是一个专门贩卖小动物的人。我终于抓住了一个机会，从他那里逃了出来。我一路奔跑到班级上，同学们都好奇地看着我，而我却已经怒火冲天了。

开 心 的 我

正当同学们都好奇地看着我时，上课铃声响了，我乘这个机会逃了出去，来到了医院。这时那个护士又出现了，她嘴里说道：“正愁没地方补失去的兔子基因呢！”说完，他从我的身体里把原来注射进去的兔子基因又抽了出来。我又恢复了人身，我是那么欣喜若狂呀！

声音那些事

王一安

声音在你心中可能枯燥无味，但只要你认真倾听，更会发现他们有时是多么的美丽，并且充满着诗意。

“哼哧哼哧”当我绕公路跑完一大圈时，耳旁只有大口大口的喘气声。悦耳的鸟鸣，鲤鱼跃起的水花声，与我的喘息声，形成了一曲优美的歌。芳草茵茵，白云飘飘，晨练的人越来越多，喘气声也越来越大了。也许别人看来这很无聊，但我却觉得一切协调有序。

“扑通扑通”是饺子下锅的声音。妈妈从早上开始忙东忙西，不是切菜就是和面，不是剁肉，就是烧水，好像在演绎“食物江湖”。一阵阵香气飘进我的鼻子里。呀，妈妈做的饺子出锅了。我可不希望出现她把盐当糖放。

“淅淅沥沥”这是一场春雨，如孟浩然的诗句一样“夜来风雨声，花落知多少”。经过雨水的冲刷，花儿并未凋零，开得更红了。小草也仿佛长高了不少，树木也抽出新的枝条，我希望树长得更高，

声音美妙并充满诗意，请你仔细倾听。

家乡的煎饼

孙诗飏

我的家乡在沂蒙山区，这里有山有水，发展日新月异，还有享誉全国的沂蒙精神。但是今天，我要说的，是我们家乡父老每天都离不开的独特美食——煎饼。

家乡的煎饼种类繁多，从原材料上来分，有粗粮煎饼、小米煎饼，高粱煎饼、香米煎饼等，形状上有圆的，还有长方形的，圆的煎饼一般是手工烙制而成，方形的煎饼则通常是机器做的了。

说起煎饼的历史，那可真的可以用“悠久”来形容了。据说这煎饼是三国时期诸葛亮发明的。诸葛亮辅佐刘备之初，兵力不足，经常被曹军追杀。一次被围在沂河之中，锅灶尽失，诸葛亮就号令众将用铜锣在火上烧，并在铜锣上放浆，煎出香喷喷的薄饼，将士食后士气大振，杀出了重围。从此沂河边上也就有了吃煎饼习俗。

在我的家乡，几乎每一个菜市场都会有几家煎饼摊。烙煎饼可是个技术活，动作要熟练利落。首先，要将一勺提前磨制好的米糊，倒在散发着热气的鏊子上，再用一个竹劈子绕鏊子一周，均匀的将米糊推开。由于鏊子是热的，煎饼糊所到之处就迅速地被凝固一层，这就是所谓的煎饼了。短短的二三十秒，一个煎饼就出现在了鏊子上、这时候，还需要及时用铲子沿鏊子边沿把摊好的煎饼揭下来。刚出锅的煎饼四周酥脆，中间劲道，不需要任何配菜就是一道绝佳的美食。我每次和妈妈一起去买煎饼，都会偷偷地揪下煎饼的一角，迫不及待地享用煎饼的甜香。

煎饼有很多种吃法。我最喜欢的吃法，是将煎饼摊开，放上沂蒙小炒，再放一小截黄瓜条，将煎饼卷起来。咬一口，既有沂蒙小炒的干酥香脆，又有黄瓜条的鲜香清口，比鸡肉卷要好吃一百倍呢。《舌尖上的中国》也收录了家乡的煎饼，可见这煎饼得有多好吃了。

爸爸妈妈每次出差去外地，都会带上几包沂蒙六姐妹的煎饼，有外地的叔叔阿姨来临沂，爸爸妈妈也会给他们带上几包煎饼回去。妈妈说，煎饼是我们临沂的名片。我觉得，临沂煎饼不仅仅是家乡的特色，更是家乡的骄傲。我喜欢吃煎饼，更热爱我的家乡。

快乐的五一节

陈禹哲

期待已久的五一节，终于到来了，我的心激动不已，因为妈妈说好要带我去方特玩，听说很刺激，嘻嘻。我怀着紧张而又激动的心情，踏上了方特之旅，欣赏着沿途的风景，心里美滋滋的。路过高崎机场时，正好有一架飞机从我们头顶飞过，这是我第一次这么近距离地看到飞机，我一高兴，把机翼说成了鸡翅，惹得妈妈哈哈大笑。

到了方特，我们看到了蚂蚁一样的人群，我心想："我的天，这得排队排到什么时候呀！"这时同行的阿姨告诉我，她早已在网上预定好了票，可以直接进去。"耶，阿姨真棒。"我高兴地跳了起来，我拿着门票，兴高采烈地冲进了园里。

刚进大门，映入眼帘的是冰雪世界四个大字，哇，这炎热的天气，该进去降降温了，我拉着妈妈排起了队，工作人员给了我们厚厚的棉袄，到了里面，瞬间感受到了一股寒意，我不禁打了个哆嗦。冰雪世界里，有各式各样的冰雕，还有人工造雪，满足了我在小漳州感受不到的天气。真是太棒了，还有冰雕的滑滑梯，我玩得根本停不下来，滑完之后，裤子都湿了，但是我已经不管了，就让它湿吧，因为在冰上滑梯的感觉真是太有意思了！

恋恋不舍地走出了冰雪世界之后，我们又玩了飞越极限，看了生命之光，经历了秦陵历险。最后，妈妈带我来到了逃出恐龙岛。这个项目似乎很热门，队已经排到围栏外面来了，我们整整排了2个小时的长队，成了热锅上的蚂蚁。终于轮到了我们。上了船，船行驶得很慢，我正想着，这有什么意思啊，一点儿都不刺激，害我排了两个小时队，突然，船上了一个小坡，猛的一个俯冲，让我猝不及防，在我还没缓过神的时候，我眼前出现的是一个大约有六层楼高的坡，我嘴里嘀咕："不，不会吧！这回完蛋了。"果然，船爬上了这个坡，爬到了最高点，又是一个俯冲，我感觉整个人都快要飞出去了，船上的人都在尖叫，我也忍不住叫了出来。到了下面，船将水面激起了巨大的水花，甚是壮观！真是太刺激了！这种此起彼伏的心情，感觉真的很有意思，我还想再玩一次，可惜太阳已经下山了，园区要关了，我只好依依不舍地走出了方特，我回过头，大喊了一声："再见了，方特。"

这次的方特之旅，很开心，很幸福。也学到了很多知识，真是不枉此行啊！

童　　年

张正之

童年是无忧无虑的。阳春三月的下午，母亲带着我和妹妹去郊外赏樱花，粉白色的花朵小巧玲珑，仿若窈窕淑女立在枝头轻盈地舞蹈。微风伴着淡淡的花香，显得含情脉脉。清风吹过，樱花纷纷扬扬地飘落，如同银丝细雨一般，诉说着浪漫。然而，在这场樱花雨中，我和妹妹并没有抬头欣赏美景，反而低头与蝌蚪嬉戏玩闹。这一条条生机勃勃的小东西，在池塘里自由自在地游着，像极了我们的童年，欢快、洒脱，无拘无束。

童年是忙碌的。每个冬天的早晨，每当睡意正浓时，耳边就响起妈妈的催促声；每当仓促地走出家门时，寒风总吹得睁不开眼；每当来到学校时，几道数学题就会出现在黑板上；每当疲惫地回到家时，耳边总盘旋着书包里作业的“狂妄笑声”。

童年是迷茫的。歌曲《童年》中唱到：“没有人知道为什么，太阳总下到山的那一边。没有人能够告诉我，山里面有没有住着神仙。”童年时期我也常有一些不着边际的奇妙问题，比如：天气为什么有时冷有时热？瘦小的妈妈为什么能生娃娃，而爸爸那么高大却不行？他们常常对我哭笑不得。“快长大吧，书会给你满意的答案！”爸爸抚摸着我的头说。长大后这些问题都渐渐有了答案，时而想起这样的童年，我也天真地笑了。

童年是幸福的。一次因为贪玩，功课写到深夜，但是母亲总有办法与我的贪玩“博弈”。她一言不发，自顾走进书房陪我。在我对面坐着看一会儿书，便起身离去。我以为她是去睡了，可没想到母亲竟又回来了，手里还端着一个蓝色的杯子。我抬头一看，是一杯热气腾腾的牛奶！母亲望着我，浅笑唤我：“之儿，天冷了，你熬夜辛苦，喝杯热牛奶暖暖身子吧！” 我接过牛奶，触碰到了母亲冰冷的手，瞬间热泪盈眶！在那之后，便再也没有因为贪玩而误了功课了。童年的母亲是慈爱、睿智的。

童年是纯真的、是朦胧的，是不舍是留恋，也是回味无穷……这份长不大的记忆，永远藏在了心底那个叫作“童年”的地方。

飞来大奖

林博涛

二十年过去了，我是一名普通的居民，生活并不富裕。突然有一天，日子发生了翻天覆地的变化。

依稀记得那天，我骑着我爸用过的电动车，出来透透气，就在这时，一阵风吹过我的脸。那时正值寒冬，风吹来 ，我的脸就像被针一次一次刺着。突然，我的视觉模糊了，我赶紧停下车来，拿起那张挡在我脸上的东西。“呀！有一张彩票”。我满心欢喜地拿回家去，炫耀着飞来的彩票，年过古稀的爸爸对我说：“你要不要把这张彩票还给别人？塞翁失马焉知非福？不是自己的不要拿。”我只好沮丧地点了点头。

在我出门的时候，我看见了一家彩票店。心想：“既然彩票在我手里，要是没中奖，我就跟爸爸说已经还给别人了”。

于是，我马上奔过去。想不到，这一幕让我惊呆了，手头的这张捡来的彩票竟然中了五十亿人民币，我把这个好消息告诉妻子，妻子高兴得都晕了，但我们两个守口如瓶，谁都没有告诉我爸爸。在接下来的这段时间里，我们不断购买家具，还买了好几幢大别墅和跑车。从此，我们家过上了幸福的生活。

可是，没过多久，由于贪心又想要刺激的我想要变得更富有，变得更加有钱。于是，我就天天去赌博，没想到一赌一输就是好几百万。我不服输，我一定要赢回来，我不愿意！妻子劝我不要再赌博，可是我已经输红了眼，谁的话都听不进去。不久，我又把全部的钱拿出去，准备翻本，扬眉吐气，没想竟然一败涂地，连原本的房子也要卖掉还债，如今我们家没钱了，从此过得比以前还不好，妻子孩子对我绝望，已经弃我而去。我已经生无可恋，当我要结束生命时，追悔莫及，那时候就应该听老父亲的话，不要拿这张彩票啊！天哪！债主逼近，我站在窗台回想着一幕幕……泪如雨下……纵身一跃。

慢慢地我睁开眼睛，原来这是一场梦啊！

一阵风的琐碎记忆

我是一阵风，我去过许多地方，去过白茫茫的雪山，去过干旱的非洲，去过无边的大草原……在我记忆的长河里，令我难以忘怀的地方是你们生活的地方，它们虽然很不起眼儿，但是它确实让我难以忘怀。

一阵风的琐碎记忆

林心怡

我是一阵风，我去过许多地方，去过白茫茫的雪山，去过干旱的非洲，去过无边的大草原……在我记忆的长河里，令我难以忘怀的地方是你们生活的地方，它们虽然很不起眼，但是它确实让我难以忘怀。我的理想，我的记忆。

在记忆长河中，我记得，那好像是一座小岛，浪打着沙，可因为夏天，天气很热，沙滩上有许多贝壳，不远处有几栋房子，它不像城市那么高，不像城市那么繁华，不像城市那么多姿多彩，而是很朴素的房。一个小男孩儿向天空放纸飞机，嘴边小声喃喃："希望爸爸看到飞机，可以快点儿回来。"小男孩儿流下了眼泪，他爸爸怎么了呢？我于心不忍，使出全身的力气将纸飞机向远方送去，希望小男生的爸爸能收到……

在记忆长河中，我记得，我来到了小村庄，为什么不开灯呢？黑的让人看不见手指头。我飘过去，一架大风车转了起来，其他几个也转了起来，灯渐渐地亮起来，村民欢呼雀跃，小朋友个个又蹦又跳，不远处也有大风车，原来这个村庄靠风车发电，为了给村庄带来光明，我飞快地奔跑着……呼呼的声音和哈哈声连成一片……

在记忆长河中，我记得，这里很热，大地被太阳晒得一直流汗，我来到这里，这儿的树好少，人口也不多，这里太热了，我刚刚想走，见到一棵较大的树下，一个小女孩儿一直为躺在地上的小女孩儿扇风，嘴中喊着："风儿，风儿，你快来，让妹妹醒来吧！"我立刻过去抚摸躺在地上的小女孩儿，给她送来阵阵清凉，终于她双眼微微睁开，我开心地离开了。

在我的记忆长河里，我记得……

我是小导游

朱瑜嘉

大家好！我呢，就是你们今天的小导游，欢迎大家来到我的家乡——甜品小镇，大家可以叫我小钟表，希望我们能在一起度过快乐美好的一天。

大家可以看到车窗外的人们，这里的人们都装扮成了冰淇淋、甜甜圈和一些其他好吃的甜品，每年夏天这里都是最受欢迎的地方，有来自全国各地的游客。

今天我们要去两个最著名的景点，第一个景点是"冷饮之地"。它离县城大概两个小时路程，整个路程中，都会让您目瞪口呆的哦！那里的特制饮料最吸引人。有许多饮料都是科学家们研究的，既有营养又很好喝，所以"冷饮之地"是甜品小镇最受欢迎的地方。

第二个景点是"甜品地"，它可能比冷饮地的路程稍微远一点儿。这里也是很受游客们欢迎的。这里有冰淇淋、甜甜圈、饮料和蛋糕，还有一些其他的好吃的。当然，最重要的是，吃完美食大家一定要喝一杯叮咚泉水，叮咚泉水的作用是：不会让你觉得腻而且不会变胖。

甜品小镇除了美食还有许多丰富多彩的美景，比如那里的小屋都是冰淇淋、饮料和各种各样的甜品的形状，最具有特色的建筑就是甜品屋了。那里的小座椅和装饰品都很精致，那都是古代人智慧的结晶。甜品屋外一把把的小太阳伞，有很多形状，有心形、三角形和普通形状的伞，五颜六色的，非常漂亮。给这个小镇添上了好几分神秘的色彩。

好了，亲爱的游客们。汽车马上就要到站了，请大家带好行李，美好的旅程马上开始。

黑夜孤灯

高佳艺

这是一个寂静的夜晚，一个没有星星的夜晚。天像被打翻了的墨汁渲染成了一片乌黑，黑得那么彻底。陪伴着它的只是路边那盏孤零零的街灯。

这是一盏在小街深处的路灯，一盏年老的路灯。它用仅有的光亮顽强地照亮了小街的一个小小的角落，忽明忽暗，怕是一下子黑了就永远也亮不起来了。它很寂寞，只有漆黑一片的天空和空无一人的小街与它做伴。它似乎在等待，期待着什么，但又似乎知道自己始终也只能是孤身一人。

这是一只白狗，一只已经脏成像黑狗一样的流浪狗。它从黑暗中小心翼翼地迈着它的爪子走了过来，似乎怕惊动了什么。但当它发现了那盏路灯后却不管不顾地冲了上来，在路灯下蹲了下来。那盏孤独的路灯心里小小的雀跃了一下。这时，一直沉默不语的风来捣乱了，它“呼呼”地吹响了它的口哨，把楼房上松动的铁栏杆吹得“哗哗”直响。那只流浪狗缩头缩脑地站了起来，耷拉着脑袋“汪汪”地叫唤两声，留恋地望了一眼散发着温暖光芒的路灯，一转身，头也不回地溜进了深深的黑暗中。路灯向风投去了指责的目光。

这是一个高龄的乞丐，一个衣衫褴褛的老乞丐。他像一个被死神多次召唤的岣嵝老者，脚步轻飘飘的，让人感觉他是从黑暗中飘出来的。老乞丐一抬头，望见在黑夜中的那盏孤独的路灯，嘴角浮起了一丝难得的微笑，眼中却流露出掩饰不住的惊讶和喜悦。他激动得浑身颤抖，颤颤巍巍地向路灯走了过去。他倚着路灯，路灯也很愿意让他倚靠着。老乞丐长舒了一口气，奢求了一些光明和温暖后沉沉地睡去。风掀了掀他的衣角，又拂了拂他的头发，似乎想把他叫醒，可是他哪里知道，老乞丐永远地睡去了。

于是路灯又孤身一人了。它还是闪着泛黄的亮光，直到它再也亮不起来为止。

古诗的魅力

江雨潞

当我“呱呱落地，咿呀学语”时，爸爸妈妈就带我走进古诗的世界，“鹅鹅鹅，曲项向天歌。白毛浮绿水，红掌拨清波。”这首骆宾王的《咏鹅》是我的启蒙诗，诗中娴静优雅的鹅，犹如我当时读诗的心情，单纯，洁白，没有一丝的色彩。稍大些，当我吃饭时，把一粒粒的白花花，玲珑剔透的白米饭洒满桌面，爸爸妈妈就会用《悯农》的诗句“谁知盘中餐，粒粒皆辛苦”来教导我。农民伯伯面朝黄土背朝天劳作的身影就会浮现在眼前，提醒我珍惜那一颗颗来之不易的米粒。

每一首诗都是作者的心声，都是作者的一段回忆，都是作者的一个故事。随着岁月流逝，我渐渐成人，无数的诗在我心中烙下印迹，《静夜思》是作者思念故乡的感情；《赠汪伦》是作者对好友的友谊，舍不得的离别之情；《游子吟》是母爱如水温暖着每个游子的心……每首诗表达了意思虽不同，但还是一一在我心中刻下烙印。其中，我最爱的便是柳宗元的《江雪》。

“千山鸟飞绝，万径人踪灭。孤舟蓑笠翁， 独钓寒江雪。”朗诵起这首诗，仿佛让我身临其境。那山！那雪！还有那不畏寒冷的渔翁，形成了一幅画。但，我最欣赏的还是老渔翁身上的精神。我向远眺望，小船静静地躺在湖面上，老渔翁一动不动，蓑衣上早已被染成了雪白，我悄悄地走进，他离我不远，我清楚地看见他岁月的皱纹，还有那比头发还长粘了雪点的胡须，我欣赏他那坚持不懈的精神。

古诗给我带来了美的享受，那一幅幅画与诗的完美结合，更使我陶醉其中，古诗是绚丽的，是梦幻的，是富有魅力的。

电闪雷鸣

曾旭帆

一天，一片蓝蓝的、平静的、宽阔的海面上，突然，好几片乌云翻滚起来。顷刻间，蓝蓝的天空被整片乌云遮住了。不一会儿，远处亮起了一道耀眼的光芒，犹如一把利剑猛地劈了下来，闪电不停地发出刺眼的亮光，划亮了整片黑暗的天空，不停地闪烁着。接着一阵轰轰的巨响，随着闪电一起轰向海面。闪电一直在劈，雷声不停轰隆，瞬间狂风大作，下起拳头般的大雨，泼向大海。海水瞬间咆哮起来，不停地卷起巨大的波浪，推向海岸，推向岛屿！

现在，随着狂风暴雨，电闪雷鸣，海面很快形成了龙卷风！瞬间，岛屿被海水不断地侵占，不断地覆盖，不断地吞没！岛上五千多人不断地呐喊，不断向岛屿高处奔跑！但是，无情的闪电，无情的雷鸣，好像在得意的欣赏自己的杰作，狂风大雨一起助威，派龙卷风继续欺压岛上手无寸铁的人们！

闪电依然没完没了的拿着利剑胡乱挥舞地劈着，雷鸣一直没有放弃嘶吼，狂风继续追逐着不断奔跑的人们，大雨不停地泼向可怜的无助的人们！

就这样，持续了十个月，电闪雷鸣，狂风暴雨渐渐玩累了，龙卷风也疲倦了。我的天啦，在那的人们都快死光了，即使是余下一千多的幸存者也快忍受不住了，他们不想再在岛上担惊受怕了，想逃离了。可怜的人们只能在山顶唯一一处狭小的山洞里躲藏，饥寒交迫，等待着、祈祷着救援！

哇，电闪雷鸣、狂风暴雨加龙卷风好牛哇！在这个自然界的破坏力面前，人们是多么的渺小，多么的无助！我希望，电闪雷鸣能给人类带来需要的亮光，需要的打鼓声，给干旱的土地带来滋润，而不是让人们受到灾难！

平凡之路

郑佩琳

简简单单，真真实实，平平淡淡，普普通通，所谓的平凡，不是要你多富有，也不是要你的生活多么精彩。有些人追求于引人注目，则有些人追求于平平凡凡。

平凡是什么？平凡就像一条乡间小路。小路两边，是一棵棵高耸入云的大树，每天清晨，在这里有小鸟悦耳动听的歌声；有昆虫嬉戏的玩耍；有学生们欢快的笑声。

平凡是什么？每天早上背书包去上学，在学校里，朗读的孩子齐口同声，下午放学时，和同学们在操场上嬉戏打闹，晚上回家后，和家人们一起开开心心、有说有笑地吃着晚餐。这一切的一切，不就是平常人的生活吗？

每当我放学回家时，我会去闻大树的树叶所散放的清香；每当下雨时，我会去寻找花瓣上隐藏着的小巧玲珑的露水；每当我难过时，我会去踩地上的混浊泥土，和小草们谈谈心事；每当我开心时，我会去追逐大自然中那捉摸不透的空气，与风儿翩翩起舞，对着蔚蓝的天空放声歌唱。

我曾经问过妈妈："平凡是什么？"妈妈抚摸着我的头，耐心地对我说："平凡不是像大明星那样，多么耀眼，多么众人瞩目，平凡就像我们现在这样简简单单的生活。"那时的我似懂非懂，可是现在的我，只希望过无忧无虑的生活。

我这才知道原来平凡就是简单、平淡、无忧无虑的生活，原来我们现在就是在过平凡的日子，从一出生下来到现在，我们的人生都是平凡的，以后的路还很长，平凡和复杂都掌握在你手中，不要以为让大家都认识你就是好的，有时候小人物往往比大人物更快乐、幸福。去追求平凡吧！过你的平凡之路，做一个平凡的人！

路

林欣妍

月光化为了一道剪影，似无数星辰落入蓝绸一般的海面。这是一条看似平凡却又并不平凡的道路——航海之路。

然而，这一段无际的蓝绸，却落入了一双眼睛中，化为了无限的舒心与憧憬，化为了目标与前进的动力，轻轻地叩醒了一个男孩儿的心灵。男孩儿爱上了这一抹缥缈的蓝，他听见了心底的渴望：去吧，去看看吧，到海上去吧！

于是男孩儿隐瞒了父亲，与朋友一同上了一艘船，走上了一片蔚蓝的海，宝蓝色的梦。说起来他也有一个像海的歌声一般动听、一般悦耳的名字——鲁滨孙。

或许是上帝与命运的一个赌注，鲁滨孙竟孤身一人落入了一个荒岛上。面对食物、住所、孤独，对于孤身一人的他来说，无疑是一场重大的考验。而他却以不屈信念，不灭的精神熬了过来。是什么使他如此的勇敢，是什么让他得以生存？他自己也不清楚，可能是因为命运的眷顾，可能是因为上帝的帮助，又或许这一切只因为一条路的呼唤，一个梦的召唤，一条天空的背影，海水的歌谣。只因为一个坚定不移的眼神，一个心灵对海、对自由的渴望与追求，让他坚信：只要意志够坚强，地狱就是天堂。

终于，他成功了，从无数次与死神的擦肩后，看到了胜利的曙光。他获得了一个忠心的仆人——星期五，救了一位遇难的船长，并荣幸地得到了他的船。鲁滨孙又开始了新的冒险，新的追求！

是路改变了人？不，是人改变了路。当那一双脚，用力地踏上这条路的同时，路也随着人一样——不再平凡！

我最想成为的一个文学人物

林璐妍

窗外，天气晴朗，万里无云，天空蓝的那么澄澈，透明，没有一丝杂质，纯净的天空引发我无限的遐想，坐在桌前看着书，我不禁陷入遐想，想到自己成了自己最想成为的一位伟大的文坛巨匠——冰心。

我回到了过去的时间，抗战初期，四处硝烟弥漫，民不聊生，我也成了逃亡的一员，我背井离乡，远离故土，从长乐千里迢迢来到了重庆。回想起逃难的情景，我的鼻子一酸，清泪似断了线的珠子一般簌簌而下。我触景生情，不由得提起笔来，写下了一篇感人的散文——《战争与和平》，我心想：我无法上前线打仗，就只有用手中的纸与笔，用文字抚慰人心，用文字带来和平，我能做的，只有写下动人的文章，我能做的，仅此而已。八年抗战，我心系亲爱的小读者们，伏在案前，一手按纸，一手执笔，只觉灵感不期而至，顿时文思泉涌，随即奋笔疾书写下了《寄小读者》一书，虽是寥寥数笔的通讯，但也代表着我对读者的爱。十四年抗战熬过了，一切都过去了，我也到了中年，我的许多作品得已出版，一时间，我成为著名作家。

花开花落，时光流逝，岁月不饶人，我在一本本作品的发表中，成了一个老人，可我的名声，我的作品依然经久不衰，我的容貌变了，岁月无情地在我脸上爬满了皱纹，我的一切都发生了改变，可唯一不变的，是对孩子们的爱。

今天，天气大好，我决定出去溜达，顺便去河西小学（教院一附小前身）去见见可爱的孩子们，我一进校园，许多张稚嫩的小脸冲我微笑，他们冲我喊道："冰心奶奶！"我坐下后，他们好奇地问好："冰心奶奶，您的文章怎么写得那么好呢？""写作要有真情实感，要多读多写，才会妙笔生花。"孩子们不住地点头。这时，一阵微风拂过，我的银丝飘起。我不禁感慨："你们是朝阳，奶奶是夕阳喽！"不想孩子们只是风趣地说道："奶奶，您可年轻了，您的笑容像盛开的菊花一样美，您的皱纹是美丽的五线谱，说明您精通音律，我们求之不得呢。""奶奶，您的心这么善良，一定有颗美好的童心，您是真正的不老女神呢！"孩子们你一言我一语地夸赞我，我开心地笑了，笑得前仰后合，肚子都笑疼了。"有孩子们的地方，就有喜悦，有了爱，就有了一切！"我不禁有感而发。我在笑声中陶醉着……陶醉着……

"小璐，书看完没有，出来晾衣服。"妈妈的一声喊叫把我从想象中拉回现实。"难道我做了白日梦？"我喃喃道。虽只是一场想象，但冰心奶奶却在我脑海里留下深刻的印象，她是文坛巨匠，是我最敬佩的文学人物。

我心中的郑和

陈　玫

茫茫大海上，有一艘永久漂浮的船，它乘风破浪，历经千难万险也没有沉没，奠定了海上丝绸之路的基础，从此，郑和这个名字也定格在了历史上，无人不为他啧啧称奇。我也为之钦佩和动容——如果我是他，在船上搏击海浪，我会成功吗？我会平安吗？我会像他一样成为人尽皆知的英雄吗？带着这些疑问，眼前的景象渐渐模糊，又慢慢清晰——海浪的拍岸声呼啸着冲进耳朵，海鸥尖利的啼叫刺破耳膜，人们的欢笑声穿过耳蜗。

我举目四眺，一望无际的大海像一卷丝绸平铺开来，白色的浪花像一只只白色的手，时而拍击船身，时而轻抚船头，轮船在浪花的戏弄下似一个酩酊大醉的酒鬼，用发软的双腿支撑肥胖的身躯，摇晃着向前行驶。

我低头打量着自己，红色的长衫，黝黑笨重的布鞋，还有奇形怪状，后面最底下有两条摇摆不定的东西，那是帽子。这分明是郑和的装扮！我正惊奇和疑惑着，一个水手神色慌张地跑了过来，他上气不接下气却又语气焦急："郑和船长，不好啦！我们遇上了海上特大风暴，这次，恐怕是凶多吉少啊！怎么办？"

他话音刚落，天空中就聚集了黑压压的一大片乌云，它们仿佛在嘲笑着我们的无能，海浪凶恶地一个接一个扑过来，使劲儿撞着轮船，仿佛要把船给掀翻，把我们置于死地，狂风怒吼着席卷而来，它用尖利的牙齿咬断了桅杆，扯掉了旗子，仿佛下一秒，它就要呼啸着将我们撕碎。大雨倾盆而下，好像把我们最后一丝希望都给浇灭了，船上的人们慌作一团，乱作一团。刚才那个水手连滚带爬地跑了过来，焦急、绝望、伤心在脸上写满。

“郑和船长，船快要四分五裂了，您快做出决定，把救生艇和游戏圈、救生衣发给大家吧，这是我从没遇到过的罕见风暴，再不走就来不及了！”他的眸子里透出坚定，“我不走，我是一名水手，就算死无葬身之地，我也要和这艘船共存亡！”

听了他的话，我深深震惊了：一个水手都能做到不怕死，我身为船长，又有何畏惧的呢？

大雨滂沱，淋湿了我全身，我闭上眼，两行热泪顺着脸颊滴落，和雨融为一体。我终于体会到了郑和的心境，无惧无畏了。

突然，我全身一震，陡然惊醒，是个梦。醒来后，我依然仔细品味着那个梦，那个虚渺却又真实的梦……

我看见了一位古人

林思婕

翻开史书，我看见了一位古人——王守仁。他盘着腿，不顾地上的尘埃和湿泥，端坐在地上。王守仁的正前方，有一块颇大的青石，开缝处，一株挺直的绿竹生长在这儿，嫩绿的叶儿，翠绿的竿儿，仿佛在吐露着这个世界的盎然生机。然而，王守仁的眼里，却没有欣赏美景的情趣，他那认真却颇带失望的眼，看到的是灰暗的“理”。

合上书本，眼里一片缭乱，家具、电脑被揉成一团，又仿佛被谁点燃了引信，爆炸开来。一片荆棘遍地的荒原。一位打着桔灯的老人坐在一团石碑下。我的心跳仿佛停下了，周围一片寂静，不断有刺骨的寒风拍打着荆棘，发出一阵低吟。我走近看看石碑，血红的“龙场”二字惊现眼前。“龙场？”我在心里喃喃地念着，“这不就是王守仁悟道的地方吗？”我怎么……未等我想完，一个阴森的声音从身后传来：“小伙子……”

我一惊，猛地回头，惨白的干骨在我身后晃荡。“啊——”我的尖叫回荡在丛林中。“咦？小伙子，看你身强力壮的，怎么这么胆小。难不成你是个……太监？”一个老人说道。听完，我愣住了：“小—伙—子？我即便再中性，可也不会……”我看到一摊水，连忙过去照了照样子。这，这不是王守仁吗？我穿越了！

忽然，一个声音从天空传来：“你的偶像王守仁在龙场太辛苦了，和你互换身份七天。”我吓傻了，呐喊起来：“这是个梦！”但很快，我便被那不知来自于何处的声音促使这，盯着老人看，说是要从他身上悟道。

我只好照办，盯着这个“火柴人”。我还真的理解了为什么王守仁会仓皇逃跑了。我从上到下仔细地观察了老人，真瘦啊，连家门口流浪的乞丐都是他的两个大！一个时辰，又一个时辰，我发现了奇怪的一点：一个人，被我整整盯了两个时辰，居然还是笑呵呵的！我发问：“你长年居住在这不毛之地，没家没亲人，你就不郁闷，就不悲伤？”老人仰天长笑，这爽朗的笑声，穿过黑暗，突破乌云，让人仿佛看见了浩瀚广大，深不可测而又包罗万象的宇宙。老人的声音说：“这就是你苦苦寻找的‘道’啊！”

乌云消散，阳光又散满大地，乐观面对，以静为动，以动为静。我明白了。

一切回到原来的样子，史书，打开了龙场的那一页。王守仁的话回荡着："加油，你还有很多要学的呢！"

王守仁，我多想成为你，我想和你一样明智，精于悟道，做一位流传千世的圣贤。

温暖黄昏

杜　依

残阳似血。黄昏的落日格外美丽。一种带着忧伤的美丽，一种带着凄凉的美丽。

每天，都经过那幢小小的阁楼，我都会仔细地欣赏那满墙的爬山虎。我领略着四季不同的颜色，夕阳下斑驳的叶彩。满墙的爬山虎似乎交织成了一张严密的大网，把那扇陈旧而孤独的窗包裹在内，仿佛密密的睫毛，遮住了一双久经沧桑的眼眸，把本属于窗内的阳光全挡在了外面。不知出于什么的驱使，我轻轻地叩响了那扇同样孤寂的门，却出现了一幅令人唏嘘的画面：一个满头白发的老人打开了一扇沉睡已久的窗户，眼里充满了惊喜与兴奋，可随即又露出了失望，无奈与忧愁的表情。接着，她放下了窗帘，再次关上了那扇沉寂的小窗。我震慑于老人的孤独与辛酸。她多么像我年迈的奶奶，一个人独守老屋，而每次回家都能看到她满脸的泪水。我那慈祥的奶奶此刻一定在老屋的门口惦念着我吧，亦如那位窗内的老人一定在思念着自己远方的亲人吧？夕阳苦苦挽留着树梢，久久都不舍离去，难道，它也是在等待着什么吗？回头，再次叩响小门，给窗内老人一个灿烂的微笑，就像太阳洒下的一抹绚丽的色彩一般。无须过多的言语，微笑和敲门声成了我向老人每天的特殊问候。黄昏再美终要黑夜，每个人都有离开人世的一天，关怀、爱护身边的每一位老人，别等失去他们以后才后悔感伤。我踏上了去奶奶家的火车。用一份关怀，呵护一片夕阳。用一抹微笑，温暖一个黄昏。

那一刻，我的世界春暖花开

天　清

母亲并不是一个贤妻良母型的女人。

她什么都不会干，她不能像别的同学的妈妈一样煮好饭等我回家，整天就知道让我好好学习，去做作业等诸如此类的话。只会泡方便面的她给不了我如粥般的温馨。我们之间就好像隔着一堵墙，用手去触碰，冰冰的感觉就慢慢地从手心传到了心间，让心也蒙上了一层厚厚的冰。所以，我经常迟归。我想，也许，这就是叛逆吧。不知从什么时候起，母亲对做粥表现出极大的兴趣。她学习的过程并不漫长，在烧焦了几次米饭，烫了好几个水泡之后，就可以像模像样地为披着一身夜色赶回来的我端上一锅热腾腾的米粥了。临近期中考试的复习阶段，母亲天天端来银耳莲子粥抑或是核桃粥。其实我看得见她指甲旁因剥核桃而磨出的水泡。我的心里，莫名的冒出了几丝感动。偶然的一次早归，看见母亲在夕阳下忙碌的身影，她弓着腰，一只手撑着灶台，一只手在拨弄着旋钮，看样子是在调火候。每过一会儿，她都要打开锅盖，轻轻地搅拌，大概是怕烧煳了吧。我就这样呆呆地伫立在门口，好看着母亲忙碌的背影……不知过了多久，母亲仿佛想起了什么，走出了厨房，却无意间瞥到了站在门口的我："回来啦？粥熬好了，刚想看时间，你就回来了。累不累？我去给你盛一碗。"望着母亲的背影，我的心有了一种前所未有的触动，"咔嚓"一声，是心底的坚冰开裂了吗？粥是清香淡定的，尤其是在晚上，坐在明亮的灯下，捧着一碗温热的粥，在氤氲着舒缓米香的热气里，我总是能无比轻松，无比惬意。母亲肯定是在这个时候，从我的言语神情中捕捉到了"蛛丝马迹"：譬如在学校和老师的较劲儿，与同学闹别扭，抑或最近的学习情况等等。每当与母亲谈心之时，仿佛有一种暖流注入了心田——那是，粥的味道吗？那天，我正享受地啜着碗里的香菇木耳粥，突然想起一个问题，便问坐在一旁看我喝粥的母亲："妈，你当时为什么会想起来给我煮粥呢？"母亲愣了愣，看着我的脸，缓缓地开口："其实，那时你正处于叛逆期，回家也不着急了，我又不敢对你说过激的话，怕你哪一天真的不回来了，所以妈妈只能在家一边熬粥，一边等你回来……"听着母亲的话，心中的坚冰就在那一刻融化，翻起汹涌的浪花，以至于隐藏在袅袅热气后的我的眼眶，有点儿涩，有点儿湿，还有点儿热……几乎让我有种……春天般的错觉……母亲她哪是在煮粥啊，她是将等待女儿的一颗沸腾的心，放进锅中慢慢煎熬。当我在外挥霍我的青春时，殊不知母亲却一个人在家，守着一锅粥焦急地等着女儿回家。那一刻，我的世界春暖花开。

阿姨家的后院

何心璐

我家楼下的阿姨，有一个小小院落，院子虽然小，却有很多的“成员”住在里面。有钢铁做的大吊椅，它可以前后摆动，我把它叫作“大秋千”；还有那只阿姨养的泰迪狗，我常常在院子里看见它跑动的身影；在院子里的每一个角落都长着植物，绿色的嫩叶，鲜艳的花儿。它们成了院子里的点缀。

在我家，随便打开一扇窗就能看见院子里的一角：几个锄头竖立在墙角，长长的锄头上沾满了泥土，几片三叶草从墙角的缝隙里长出来，挤在一起。从妈妈房间的那扇小窗户里能看到绿色的细藤上长出了几朵百香果花，花瓣是乳白色的，到花蕊渐变成紫色。在混杂的绿叶中突显出来。但我并不在意这些，我喜欢的是后院里的丝瓜。

记得去年的夏天，后院里要种丝瓜。阿姨和叔叔在院子上铺了一层网，我还能透过网的空隙里看着下面的情形。过了一阵子，网上散落着横七竖八的藤，藤上长出大片大片的丝瓜叶，叶子重叠在一块，把网遮得严严实实。这下好了，网下的一切我都看不见了。一天天过去了，网上原先绿油油的一片加了点儿新色彩，丝瓜花也悄悄长了出来。无论是花瓣还是花蕊都是黄色的，它们俩混合在一起，我都看不见细细的花蕊了。这时，丝瓜花里飞出一只蜜蜂，它摆着自己的大尾巴，小翅膀不停地挥动。丝瓜花的蜂蜜应该很甜吧！

一次，我在后阳台晒衣服时，发现栏杆上有绿色的东西。我走近一看，那是丝瓜的藤。细细的藤盘绕在栏杆上，一圈又一圈地围住了栏杆。我把丝瓜藤取下来，好卷啊！像是方便面。哦，我懂了，丝瓜藤是想借栏杆卷头发。

现在，阿姨已经不种丝瓜了，我悄悄下楼，在土里埋下一颗丝瓜种子。

滑雪历险

林　松

今天，兔子，狐狸，狼约好了去滑雪。来到滑雪场，哇！整个世界仿佛都被白雪覆盖了，一片银装素裹，白雪皑皑。但是它们也顾不上欣赏雪景了，迫不及待地穿上雪橇，在滑雪场里滑来滑去。最悲惨的就是狼了，它还是新手，不懂控制雪橇，结果撞到了树干上了。摔了个四脚朝天，头上撞了个大包，真是惨不忍睹！而狐狸和兔子呢，则是优越感十足地说："我们的技术已经炉火纯青了，只要我们在那片雪域滑雪，那片雪域就会成为我们的地盘！"

"就是不知道老狼兄弟怎么样了，他现在应该急死了。""我们要不要调头去找他呀？"

"不用不用！狼的嗅觉非常灵敏，他会顺着气味找过来的。"

突然，一只老鹰以快到让人来不及眨眼的速度把兔子叼起来。兔子使劲儿挣扎着，想摆脱这只老鹰，但是还是徒劳，因为他的力气太小了，最终被老鹰捉回了洞里。

到了洞里，老鹰威胁道：“我有一只鹰宝宝，你来教他滑雪，不然的话……哼哼，我就吃了你！”“好吧，我答应你。”兔子战战兢兢地回答。

兔子到了鹰宝宝的面前，低下头，结结巴巴地说：“我……是来……教你……滑雪的。”兔子在鹰宝宝面前毕恭毕敬瑟瑟发抖，大气都不敢喘，生怕鹰宝宝一个不开心就叫老鹰吃了他。但是兔子多虑了，鹰宝宝对他十分温柔，而且还和他一起玩。之后，兔子又向鹰宝宝说明了他的遭遇，鹰宝宝非常同情地说：“总有一天，我会把你送回家的！”兔子听了感动得热泪盈眶。

一晃几年过去了，鹰宝宝长大了，羽翼逐渐丰满了。兔子这几年一直待在老鹰巢里，老鹰看兔子和自己孩子玩得开心，就留下了兔子没吃掉他，让兔子陪自己孩子玩。老鹰隔几天给兔子弄点儿食物。在这几年里鹰宝宝一直在日复一日地练习飞行，他想快点儿学会飞好送兔子回家。终于有一天，鹰宝宝终于能飞了。他找到兔子，和兔子说，我答应过你会把你送回家，今天是我兑现诺言的时候了。兔子本以为这辈子都要在老鹰巢里度过了，他没忘记鹰宝宝的诺言，但只是觉得是随便说说，也许鹰宝宝早就忘了。没想到鹰宝宝记到了今天。

兔子回到了地面，鹰宝宝也回去了。兔子的心里五味杂陈，不舍、感动和喜悦交杂在心里。它开始自己的新生活，但却永远的记住了这位朋友。

吃牛排

肖淑鑫

一提起牛排，你是不是就口水直流三千尺了呢？今天，妈妈带我去吃牛排，去享享口福。

离我家最近的牛排馆就是豪客来了。

到了豪客来后，我不由得惊叹道："好华丽呀！"我们坐下后服务员带着微笑问我们要点儿什么牛排，我接过菜单，牛排的种类太多了，看得我眼花缭乱，最后选定沙朗牛排，八分熟的。

等了十分钟左右，牛排上了桌，刚将盖子打开，我就迫不及待地要吃，服务员连忙将我拦住说："小朋友，现在还不能吃。"说完，就拿出了一张很大的纸巾，给我挡在了前面，我不解地问服务员为什么要这么做，服务员心平气和地和我说："刚出炉的牛排会有很多油四处乱溅，所以要拿一张纸巾挡住。"我恍然大悟地点了点头。

妈妈因为吃过牛排，所以知道怎样握刀叉。我才不管呢，我左手拿刀，右手拿叉地吃了起来。嗯，真好吃——美妙无比，入口麻香，却不塞牙，纤嫩入口格外嫩滑。可谓极品是也！接下来便是一番风卷残云般的袭击，不一会儿，盘子中便空空如也。我也打了一个满意的饱嗝。

我看见许多人围在一起，走过去一看原来是自己弄沙拉泥。看着看着，我口水便流了下来。终于，服务员把碗拿了过来，我连忙拿起碗去弄沙拉泥。我先夹了点儿哈密瓜，又夹了两块果冻、苹果、梨子、西瓜……最后加了苹果汁、草莓汁，沙拉就做好了。先尝尝，我吃得满脸都是苹果汁。旁边的人都笑了起来。

我虽然点的牛排是八分熟，可我肚子却是十分饱！

故乡的街

王思思

依稀之中，那儿是热闹的，那儿是恬美的。

是什么，竟有如此之魅力；是什么，又使人流连忘返？对！也许你想不到，那儿也只是一条普普通通的街。

从我出生到如今的小学五年级，这里依旧没变，是如此热闹。步入了街头便听到了一股股轻而乱的声音，或许有人会说："这算是嘈杂！"不，静耳倾听，能听见其中弹唱的，如此动听；能听见买东西讨价还价的，真是能说会道；还有聊天的，又是口若悬河……街上的人那可真是数不胜数，没有车子，只有数以百计的双腿在攒动着，树上的鸟也跟来凑热闹了，唱着动听的歌儿，引人入胜。时不时，饿了，可排队买吃的却还要等上好一会儿呢，不知不觉中，小猫小狗也混进了人群当中，嘴馋地舔着落到地上的美食，可香了呢……

时光飞逝，紧接着，到了傍晚，人逐渐减少了，再过一会儿，便到了夜晚，一个人也没有了，呈现出的便是恬美的夜晚。月亮高高的挂在空中，没有万家灯火，只有风吹过，树叶“沙沙”地响着，又落了下来，在风中翩翩起舞。这时，便是昆虫的天下了。虫子探出了头，眺望着远方，有没有人呢？没有便出来掠夺食物了，这也省了清洁工的一番工夫了。小溪印着月亮，潺潺的流着，无比的喜悦……

啊！我那记忆之中的故乡，你那热闹与恬美的并存，怎能不让我欣悦呢？

硬币历险记

徐欣恬

硬币从小就有一个梦想——到南方去旅行。趁着这个寒假，它决定实现自己的梦想。就这样，一段奇妙的旅程开始啦！

硬币背着大大的行囊，走呀走，走得腰酸背痛，想找个地方好好休息一下。终于，它找到了一个洞穴。它往里面瞅了瞅，心想，这里面倒挺宽敞，我今晚就住在这儿吧。硬币做梦都没想到，这竟是个蚁穴。还没等它跨进洞，就被蚂蚁大军给包围了。“什么人？报上名来！”一只蚂蚁恶狠狠地说。“啊！我的妈呀！”硬币吓得两脚发软，从嘴里支支吾吾吐出几个字来：“救命……呀！”说完，便连滚带爬地逃走了。“小的们，快追！”蚂蚁大军从后面赶了上来。硬币使出了吃奶的劲儿，跑得大汗淋漓。回头一看，终于把蚂蚁大军甩得无影无踪了。

硬币悠闲地走着，一路走，一路欣赏着沿途的美景。走累了，便坐在路边休息。忽然，它看见一个小男孩儿正拿着弹弓玩得起劲儿，它决定让弹弓助自己一臂之力。它立刻跑上前去，对小男孩儿说：“小哥哥，你能帮我一个忙吗？我想去南边，你能不能把我往南边射，射得越远越好。”“好，我试试。”男孩儿爽快地答应了。只见小男孩儿眉头紧皱，用尽全身力气将弹弓往外拉，只听得“嗖——砰！”硬币一头撞在了大树上，只觉得头昏脑涨，天旋地转，全身没有了一点儿知觉……

醒来的时候，硬币发现自己正躺在一个装满水的水桶里。原来是树把硬币弹到这儿来了。硬币不会游泳，只能在水里拼命挣扎，脸红得像个西红柿，那充满血丝的眼里，流露出几分恐惧来。救命啊！……

就在它快要窒息时，一位邮递员叔叔开着摩托车驶了过来。他赶紧捞起硬币说：“幸亏我及时，不然可要出‘人命’喽”。硬币感激得连声道谢，心里暗暗地安慰自己，终于没事了。硬币把它的目的地告诉了邮递员叔叔。叔叔抿嘴一笑，原来，那也是他的目的地。很快，邮递员叔叔就把硬币送到了它想去的地方。硬币告别了邮递员叔叔，又开始了新的旅程……

那条街

陈煜炀

我家门前有条街，很窄，但充满着生机。

站在街上的任何一角，放眼望去，就能看到四季常青的榕树排列两旁，像是一道绿色的屏障。它们亲密无间，瞧，左右两旁榕树的叶子都快碰到一起了，风吹过，沙沙沙，那是树叶在窃窃私语呢。这些樟树乍一看，像是一个模子里印出来的。其实，才不是呢。有的榕树直冲云霄，不知是在和谁一比高低；有的层层叠叠，像几只大手掌叠在一起；有的一心向外发展，所以看上去枝繁叶茂；也有的耷拉起脑袋，似乎是与谁在赌气呢！下雨时，叶子受不住小雨珠的重量，俯了一下身子，雨珠调皮地落在地上，飞溅起晶莹短暂的水花，“吧嗒，吧嗒”落在伞上，交织成一曲美妙的交响乐。

我家门前那条街，一年四季，还开花不断。春天，梧桐树脱下黄衣，长出新芽，交替新的生命，街道上开的是生命之花；夏天，雷雨不断，街道上的人撑起一朵朵五彩缤纷的伞花；秋天，孩子们在街上肆无忌惮地跑，脸上绽开着一朵朵纯真之花；冬天，瑞雪兆丰年，街上开的是洁白无瑕的雪花。

我家门前那条街，永远都是充满着活力。就是晚上，街上也不例外，万家灯火之时，家家户户都飘出了阵阵饭香，一家人团团圆圆地坐一桌，让人倍觉温馨、舒畅。随后，大人们带着做完作业的孩子，串起了门。那是一天中我们感觉最惬意的时候。

小街，是我每天的必经之路，早上，它伴随我一天的好心情，晚上，它伴我进入美妙的梦乡！

马 屁 精

康德轩

“呵！我最最亲爱的组长啊！您来了！我帮您放书包！作业马上就来！”瞧，这就是我们班的顶级马屁精——郑淼鑫。他最擅长的事就是拍马屁。

所谓“拍马屁”就是阿谀奉承，所谓“马屁精”就是阿谀奉承的超级高高手！你们看看这个郑淼鑫，眼睛眯成一条缝，胖胖的双下巴，简直就是一副天生的奴才相！他可有至高无上的拍马屁精神——坚持不懈、不达目的不罢拍。不信呀，带你瞧瞧去！

此行目的：借到数学作业抄。

A计划：“哎哟我的妈！你好帅呀！你还很酷呢！酷得我无地自容！……你行走如飞，作业一定做得很快吧！咱俩对照吧！”马屁精说了半天，终于切入正题！“我还没做呢！要不你借我抄吧！”不等马屁精回答，人家就扬长而去。A计划失败了！

B计划：“你今天好漂亮！瞬间变成大美女了耶！”马屁精对一个“美女”挤眉弄眼，做出一副献媚的表情，讨好她。“真的吗？哈哈哈哈哈哈……我是美女耶哈哈哈哈哈哈哈哈……我是美女！我是美女！”那位“美女”欣喜若狂，捧着自己的“漂亮脸蛋儿”在操场上飞奔。唉！B计划也以失败告终！

C计划：马屁精真不愧是马屁精！果真有至高无上的拍马屁精神！不过，这次他可学聪明了点儿，找了一个学习好，又因为不爱干净受大家白眼的马屁对象。“哦！天哪，这次你的考试成绩好好呀！我自愧不如！”“怎么可能呀！”这个同学有点儿怀疑。“怎么不可能？你的成绩多好呀！我一直都很敬佩你的！”马屁精强装镇定，其实心里紧张得不得了。“啊哈，为了表扬你，我的作业你可以天天拿去对照！”怎么回事！这同学真是郑淼鑫的知音啊！连他在想什么都知道！再看看马屁精，捧着作业本，如获至宝，他像离弦之箭一般，以百米冲刺的速度跑回座位。C计划总算成功了！

怎么样，我没骗你吧！本班的顶级马屁精名不虚传吧！

锅　边

金　晨

小巷略略沉静了。但是，总会有人特意绕道，来此光顾——只因那小小的锅边糊摊。

记忆里，这锅边糊摊永远人声鼎沸。背着大大的粉红色书包的小女孩儿、胳膊下夹着公文包的白领、制服还未换下的环卫工人……在蒸汽缭绕的大锅旁，大家或坐或站，等待着能温暖肠胃的汤水。

若有人等不及，便会扯下土墙上的塑料袋，反套着手，抓个油饼吃。这儿陈设简陋，但并没有影响食客们的食欲。锅盖迟迟不开，食客们只好将眼光投向另一侧正炸油饼的白背心大汉。咕嘟嘟翻滚的油里，几个圆滚滚的油饼沉浮着，在白背心大汉看似漫不经心的拨弄下，从容地变成了深色。食客们于是咽了咽已到喉咙口的唾沫，心中盘算着刚刚吃过的太软，这一拨热且脆，要不要再来一个？哎，还是算了，一挪窝儿，位子就被人占走啰！

终于，老板来到了面前。“嘭”的一声，锅落在了桌上，老板一手扶着锅把，一手从桌上的一摞碗里拎过最上面一个放在食客面前，握住修长的勺柄，一探到底，提上来一整勺最烫的锅边，一滴不漏地滑进了碗里。浓稠的汤汁中浮动着片片锅边、干贝边、虾米和白菜丝，若隐若现。

此时锅边糊的温度已稍降，香气依然钻人的鼻。舀起一勺轻轻吹了吹，便急不可耐地送进了嘴里。鲜甜的汤汁滑过舌头，夹裹着软糯的米糊，顺顺当当地滚落喉咙。一闪即逝的味觉刺激让人很是不甘心，赶忙又舀了一勺，咦？有贝边？缓缓嚼着，海鲜的腥香与米糊的糯香溢满了整个口腔，最后咽下肚去的，是满满的充实感。急于了解碗底还有什么秘密，便又往嘴里送了几大口。就这样大半碗很快消失了。这时，老板端着锅走了来，用福州话说：“有要加汤吗？”没等回复便手起勺落，又是满满一碗简单的盛宴，馋虫又被勾起，叫嚣着再战一回……

一碗锅边温暖了胃，也安定了心。

杰克和查理

谢陈喆

在一个遥远的星球上，有一对十分友好的朋友，叫作杰克和查理。他们生活在一片葱郁的森林。那里鸟语花香，山清水秀。

直到有一天，杰克突然从睡梦中清醒过来。他想：像我这样有实力的人真不多，我应该去城市打工创业。

他摇醒睡得正香的查理。查理迷迷糊糊地问他说："这么晚了，你不睡觉，叫我干什么？"杰克对查理说："像我们这样有实力的人，应该去城市打工创业。你看，这里的小伙伴都去城市打工，我们不能始终过着原始人的生活，我们要学习城市的先进技术。"

"原来是这件事，那你自己去吧！小伙伴都去城市，有哪一个打出一片属于自己的天下？全都垂头丧气地回来了。"好吃懒做的查理又倒头大睡。

杰克越听越有道理，所以打消了去城市创业的念头。

第二天早上，阳光明媚，万里无云。阳光穿过树枝缝间，照射在杰克身上，暖洋洋的。他懒懒地伸了个懒腰，想继续睡觉。

突然，一个念头从他脑海中闪过。他想：如果不去试一试，怎么知道自己不行？再说，从城市回来的伙伴们，都说城市的东西都是高科技，有不用走路的汽车，有不用写信的手机和电脑。一听这些东西，自己心里早就痒痒了。

杰克再次苦口婆心地劝查理跟自己一起去城市，一起打工创业，但是杰克无论怎样劝查理，查理就是不肯去。因为他知道城里打工赚钱十分辛苦，而在这里，可以无忧无虑的生活。无奈之下，杰克只好自己离开，他收拾好东西，离开了他生活已久的森林。查理带着自己组建的，用来保护森林的警卫队，给他送行。

杰克到了城市，在一家工厂拼命打工。由于他勤劳好学，很受老板的重用，还被老板提拔。

我们再来看看查理，他仍然好吃懒做，享受着现在的生活。但他并不知道，灾难就要降临在他头上。

一天，突然从森林里传来树木倒下的声音，一个集团的老总为了扩建自己的公司，正在砍伐树木。查理带着自己的警卫队奋勇抵抗，把他们打得落花流水。

又过了几天，不甘心失败的老总又卷土重来。查理他们再次抵抗，但在雇佣军的枪炮面前，他们不堪一击。森林被大片砍伐，查理也只好到城市去。

此时的杰克已经成为一家公司的老总了。而查理因为怕累，好几次都把工作辞掉了，好几次流落街头。

一天，查理面前突然出现了一位穿着西装，戴着墨镜的富豪。查理定睛一看，这不正是杰克吗！于是向他求救。

杰克对查理说："这就是我和你不一样的地方。"说完给他留下了一笔钱。

查理仍然不思进取，还是好吃懒做，最后被冻死在街头。

我和你不一样

郝　样

小时候，
我们曾很努力地告诉自己，
不要变成，
看我们玩游戏露出不屑笑容的“大人们”。
但是，
当我们长大后，
发现“大人”就是我们自己。

1

细雨蒙蒙，天空失去了往日的活泼。沉稳，低吟。一条条银线顺着屋檐滑落下来，滴在青石板上。

清脆的放学铃声宛如夏日里咀嚼黄瓜的声音。我坐在位子上，喝了一口柚子茶，准备收拾书包。这时，灵儿走过来，亲切地拍了拍我的肩“小清，一起走吧，反正我们同路。”我点了点头，胡乱把书塞进书包里，背上书包，和她一起走了。

我们迎着密如牛毛的小雨点儿，走进了再熟悉不过的小巷。忽然，一个脆生生的声音响起：“大姐姐，大姐姐，我们一起玩捉迷藏好不好？这种天气最适合了！”我悄悄看了一眼灵儿，想征求她的意见。“哼！这有什么好玩的？走啊！小清！”灵儿翻了个白眼，拉着我想走。我松开手，半蹲着问她们：“小妹妹，为什么呢？”那个扎着小马尾，别着一个淡蓝的发卡，让我感觉有几分熟悉感。“大姐姐，因为我们想热闹一点儿。”小女孩儿闪着那双纯洁的大眼睛，认真地说。“哼！喂，我说小清，你不会真想和这些小屁孩儿玩吧？走啊！”灵儿硬把我拉走，扭头扔她们一句话：“我们是‘大人’，你们是小屁孩儿，我们和你不一样！”说着，又翻了白眼，拽着我走了。那个女孩儿哭了，说：“为什么？‘大人’就要这样？”其中一个还拍着另一个的肩，说：“小清，我们以后不做这样的‘大人’。”

2

我回到家，闷闷不乐地倒在沙发上，突然，我想起来了，想起来了……

小雨淅淅沥沥地下着。我、灵儿、小可、珍珠、兰兰都很小，天真活泼的我们一同在小巷中玩耍。巷口出现了两个人影。灵儿说：“我们叫大姐姐来玩吧！”说着便跑了过去……我们托着头，想起来了，那句“我和你不一样！”我们说过的。那句“我们不要做这样的大人。”我们也说过啊。为什么，长大就会失去童年的纯洁，天真呢？

3

我跑出家门，跑进那条古老的小巷，用手靠着墙，就像当年哭的那样，我数着水珠：1234……我希望我一直数下去，把时间数尽，回到童年。我喃喃地说：“为什么，为什么长大就要付出如此沉重的代价呢？”

一位女孩儿跑来，闪着那双和我一样的眼睛，问：“大姐姐，我们来玩捉迷藏，好吗？”我嘴角轻轻地上扬，肯定地说：“好啊，来玩吧！”

那个雨天，我找到了我的童心，我还把“我和你不一样”埋进了泥土中。我与童心分享快乐，我希望“我和你不一样”不要在心中发芽。

雏菊也可歌

我想成为你，在脑中一遍遍回忆起过往的事情。的确，我们都怀旧，都喜欢沉浸在往事中笑出声来。我发现，不是我们变得幼稚，而是时间让我们不得不离开罢了。在这一刻，我想成为你。

我喜欢的作家

陈柏赫

曹雪芹，清代最伟大的文学家。他呕心沥血，十年时间著作《红楼梦》一书，流芳百世。而想成为他，则也是从《红楼梦》说起。

“都云作者痴，谁解其中味”曹雪芹的意境深邃得令人无法理解。他出生为贵族，在变化无穷的社会上，他看到的不只是乱象，而是背后一种更加黑暗的社会。一从“薄命女偏逢薄命男”“葫芦僧判断葫芦案”这一回可看到，当时不管是衙门上多正直的人都会恃强欺弱，表达了当时社会的黑暗面。当时的贪污腐败成风，而曹雪芹就像一个批评者一样，用自己手下犀利的笔去审评和记录这些不为人知的腐败。同样的，我们现在这个社会，也需要一个如曹雪芹一样的人来记录与审判。光从《红楼梦》谈，曹雪芹就描绘了一个如当今社会一样的古社会，古江湖。我们不论曹雪芹所说的是真是假。但从现有的了解来看，曹雪芹是骨子里有一种刚强之气的。

对于大观园里的阶级斗争，这时我想起了妈妈辈的时候，同样的人会受到不同待遇，纵生出各种千奇百怪的事。莫言和曹雪芹所描写的是有点儿相似。但曹雪芹的特点则在一把辛酸泪上，可见他所经受之苦，则是我们这辈无法想象之。

除了上述原因，还有则是每当看到报上一些负面新闻时，我就有一种打抱不平之味。“适者生存！”尽管有这个道理，但我认为，在同一个世界，同一个种族，同一个社会上，应该没有歧视或互相残杀。每个人都不是最强的，不是最弱的，是无法用淘汰或“晋级”来形容的。然而如果没有人像曹雪芹一样去辨认、去批判、去表述，去勇敢地站出来。我敢肯定中国现在还在被封建的思想所毒害。我想站出来做现代的“曹雪芹”，则是为了护卫世上所有的公平。只有正直者才会有回报，而一个邪者会得到应有的教训。用自己小小的身躯去捍卫，这也是我想说的话。

《红楼梦》如此美的文章，可又是谁能体会出作者里面所包含的心情呢。我们现代人该如何去诠释曹雪芹所要真正表达的意思呢？

我心目中最伟大的诗人

许如依

似乎，生命如征程，人的一生注定要疾步匆匆。在通向未来的道路里，或许你将面对许多的困难与坎坷，在或悲或喜的生命里，是否有一个人在你困顿之时，打开你的心房，给予你一片湛蓝的天空？

只是在那片晴朗的夜空下，远处的荷塘里有几只蛙在叫。抽屉里有他的诗集。翻开那泛黄的纸页，细品那安然的语句，有一缕清风吹拂着乡村教堂旁边小屋里我的窗前。是啊，面朝大海，春暖花开，便是他心田中埋藏着的灿烂的梦，很简单，很美好。

他是海子，也许就是从那日开始，他成了我心目中最伟大的一位诗人。他的世界是纯净的，沉沦了肮脏的世俗；他的世界是美好的，隐没了不堪的势利；他的世界更是简单的，是蛙田与牧马场的安详。可悲了如我这般在城市的喧嚣中碌碌无为的人，一言一语中流露城市的市侩气，怕是有神笔伺候，也无法编写出那首首朴实的诗词。想变成他那样，只因他本性是自然的花香气息。

他为我带来了什么？不仅是诗，更是一种心灵上的慰藉。受到了挫折与磨难，他以他的一片净土，告诉我世间美好之事还有很多，想快乐并不难，只要你留心观察，并且发现，便能拥有一颗快乐的心，成为一个快乐的人……想变成他那样，只因他本性是那心灵的药剂。

直到他死去。在青春盛放的年华葬送了自己质朴的生命，人们倍感惋惜，一位不拘一格的才子就这样死了。我的心似乎如前行的火车马达声那样，不知说什么好。但我理解的海子，像他这般高尚的灵魂，绝不会滞留在这肮脏的人间。他的死，使他的每一言语都永恒的保留在人间，他的本性也会永垂不朽。想成为他，只因他本性自由，不拘一格。

这一刻，他的梦想实现了——海边有一栋房，他只愿面朝大海，春暖花开。

成为一个像海子那样的人，散发出自然花香的气息，成为他人的心灵药剂，拥有自由且不拘一格的本性，多么美好！

这一刻，我的心田处亦是鲜花盛放……

我想成为你

唐妍卉

多少次，待夜幕降临，我总会坐在桌前，手里捧着一本什么书，翻开细细阅读。

这次，我看的是《城南旧事》。打开书，映入眼帘的画面，是幻想，是童真，还是作者林海音的美丽世界。在这一刻，我想成为你。

就像序章《东阳 · 童年 · 骆驼队》一样。我也远在某个时刻，默默地想，慢慢地想，慢慢地写。带着属于自己的那一份回忆，把它放入自己的文章中，直到写得自己都泪眼蒙胧。毕竟，那是你的童年。在这一刻，我想成为你。

我想，成为一个作家，最愉快的，就是能分享属于自己的快乐，大家也都快乐起来了。我愿成为他，不求自己写作时是多么辛苦，但也能美丽地绽放出文学之花。“音子，音子”但愿此刻你能听到，想成为你的我，为你写下的话。

我想在某个午后，成为你，出去踏青，呼吸呼吸新鲜空气，带着美好的心情，成就美好的文章。也想像诗人海子一样“面朝大海，春暖花开”。去感受这世界的一花一木，一河一山。静听细水流过时的哗哗声，触摸生命在心中发芽的阵阵热浪。我在这一刻，想成为你。

也许写出的文章不那么尽人意，但我知道，这篇小作里，满满是属于你的喜怒哀乐。我想成为你，在脑中一遍遍回忆起过往的事情。的确，我们都怀旧，都喜欢沉浸在往事中笑出声来。我发现，不是我们变得幼稚，而是时间让我们不得不离开罢了。在这一刻，我想成为你。

谈起为什么最想成为你，我也只能说，是你的文章从心中最柔软的地方打动了我。都说看一个人的文章能知道这个人的性格。我知道了，你一定是像小河一样，静静流淌，却能在某一瞬间焕发出属于你的那一份爱。在这一刻，我想成为你。

谈了这么多，也无非是表达对你的敬意以及感谢。感谢你，让我看到了我所不知道的世界，我所不了解的童年。我想成为你，创造，改变这个文学的大家庭。

合上书，闭上眼，脑海中也久久淡开那一个个画面，一句句仿佛就像在耳边的话语。我相信，那冬阳下的驼铃声会不会停，折射出的，是美丽而灿烂的金色光芒。

刘备我想对你说

刘星吟

刘备，你是我在三国演义里最崇拜的人，我也姓刘，我总认为你是我的老老老……祖宗。

刘备，你是一个有异相的人，“大耳垂肩”“双手过膝”，我也有异相，我的额头很鼓，我爸说这叫“天庭饱满。”

刘备，你在三国里是一个有仁义之心的人，但是我知道这是一种你收买人心的办法，你很谦虚，我也这样，用这种办法结交“十八路诸侯。”

刘备，你曾三顾茅庐请孔明军师出山，你有一颗懂礼貌的心，你尊敬人才，懂得调用人才。

刘备，你有兄弟间的情意，曾领百万雄兵攻打东吴为关羽，张飞报仇。你与关羽、张飞桃园三结义成了后人的榜样。

刘备，你是一个听取忠言的人，孔明军师曾郑重地对你说曹操占天时，孙权占地利，将军可占人和，你就认真听取，变得更加仁爱了。

刘备，你是一个节俭的人，吃的是粗茶淡饭，穿的是粗布衣，从不压迫平民百姓。我要向你学习。

刘备，你是一个有仁义之心，一个尊敬人才，兄弟情深的人。

我的家乡

詹晓钰

一片蔚蓝的天空，白云把天空衬托的如此美丽，清澈见底的小河，在耳边“哗啦哗啦”的流出水声，令我心旷神怡。而这里，是我心驰神往的家乡——闽清。

一棵棵垂柳，围绕着整个村庄，有时疏有时密，一阵风吹过，仿佛在为辛苦的人们伴奏，让他们解除一天的疲劳，安稳的进入梦乡。

小时候欢乐的记忆，让我回味至深，还记得那时天空上的太阳，犹如一个大火球，把我们晒得大汗淋漓。一位小伙伴想到了一个降温的好办法——下溪抓鱼。我们准备好一些渔网、鱼钩和小桶，我们卷起裤腿，笨重地下了河，一股清凉的感觉，透彻全身，开始各忙各的，不一会儿，伙伴们的小桶里，已经装满了五彩斑斓的小鱼。

回家有一条必经的小桥，桥边有点缀着零散的淡黄色、粉色的小野花，那是通往家的桥，被我称为“花仙桥”。那一只只各式各样的蝴蝶，不正是一位位在花丛中穿梭的花仙子吗？他们让家乡的花朵香气浓郁，不说香飘十里，至少前后十几家全都沉浸于小花的香味中。

我爱我的老家，山清水秀，车水马龙，一片热闹的景象，尤其到了夜晚，每栋楼里的灯都开了，大家相互串门，谈天说地，县城里没有酒吧，乡亲们串门聊天时，几杯美酒已盛在那玻璃杯中，拿起酒杯，一两口就把这美酒喝下肚，向好友诉说心事，在这里没有什么能阻拦你。夜色朦胧，乡亲们没有停止欢乐，夜空似乎明白他们还没聊够呢，没有让星星们撤离，而是让他们继续照亮夜空！

第二天一早，妈妈和爸爸就带我回到了福州，我在福州上学，并不能长久的居住在家乡，坐在车上我闭上双眼，仿佛看见风儿吹动着柳条，轻轻地抚过我的脸颊，耳边似乎传来了伙伴们戏水的声音，仿佛闻到奶奶做菜的香味和听到爷爷喊我吃饭的声音……原来，我从来没有离开故乡，因为故乡在我内心的最深处。

给妈妈的一封信

陈锴烁

亲爱的妈妈：

非常感谢您，我是您的儿子陈锴烁。在我两岁的时候，我还不会走路，您就抓着我的小手嘴里说着：“左右，左右。”我心想：您不要再说了。我这样说是为了不要让您感到口渴。

有一次，我正在玩的时候。一不小心摔进了水里。您第一时间跑了过来一把把我从水里抓了起来。我心想：现在我生病了，您抱着我会不会也生病呢？过了一会儿，您拿出体温计放在了我的腋窝下。又过了一会儿，您拿出一颗药轻轻地放入我口中。一两天后我的病就好多了。

还有一次。由于我骑自行车骑得太快了，摔了个四脚朝天，这时我的脚破了一个很大的口，真的很疼，所以我大哭了起来。您听到了我的哭声便像风一样来到我的身边，用纸包着我的脚，就像以前一样把我抱回家。

话不多说，太感谢您了，以后，当您老了的时候，我会像您牵着我一样紧紧抓着您的手。当您走不动了，我会一直背着您到老！

陈锴烁

2017年11月26日

美丽的东山岛

阮帅哲

大家好我叫阮帅哲，我的家乡在美丽的南海之滨——东山岛。那里风景优美，物产丰富，由两片弧形的海岸线构成，由于外形像蝴蝶又称“蝶岛”。

东山岛的海水五光十色，有浅绿的，淡蓝的，可好看了。白色的浪像一位位仙子在空中跳舞。

最有趣的是坐着游艇在海洋上飞奔，像水中的将军在海上和大海打仗。更刺激的就是在冲浪板上跳街舞，有的时候如果你的平衡力不够就会从冲浪板上掉下。想像浮石一样在海上浮着，就得学会仰泳，不然就会像石头一样沉到海底。

东山岛有一个钓鱼圣地，就是深海处的渔民房——渔排，它是用木头做成的。在木房子的下方，插四根木杆子，下面绑上浮石就可以在海上漂浮着，渔排可不小哦，有一大片的养鱼区，有圆形的、正方形的、三角形的、平行四边形的。钓鱼的房间里有钓鱼需要的渔线、鱼竿、鱼饵、鱼桶，钓鱼服等各种各样的工具。还有钓鱼的小窗户可以直接在房间里开钓。

钓鱼的第一步，是先把鱼竿甩出去，第二步把渔线放着安静地等待鱼上钩，第三步，鱼咬钩后尾线会下拉，这时我们要一边收线一边用力拉起来，鱼钓上来了，第四步，准备好装鱼的保鲜桶，桶里要有水或者是冰袋，否则鱼死了就变得不新鲜，吃起来也就不好吃了。

夜晚的东山岛别有一番风味，大街两边摆满了美味的烤海鲜和各种各样的小吃，热闹的人群像潮水一样涌入，人们的欢笑声盖过了远处海浪的“哗哗”的响声。

这就是我可爱的家乡东山岛，美丽、热闹的钓鱼圣地。我爱我的家乡！

遇　　见

潘映桦

“如何遇见你，在我最美丽的时刻”这是席慕蓉诗中的句子，就像天空遇见了飞鸟，小人鱼遇见泡沫，时针遇见分针……在这么多熟悉又陌生的面孔中刚好遇见，才是最美好的故事。

我的奶奶喜欢花，这在当地是众所周知的事。儿时的我最喜欢在奶奶的小花园里玩耍，奶奶当时有一盆最喜欢的花，可我却不怎么喜欢它，院子里和它花期差不多的花都开始吐青时，它静悄悄的没任何动静。其他花长出新叶子了，长出花骨朵儿了，它还是慢悠悠的不见动静。急性子的我认为它是故意在和我作对，于是每次我浇花修草的时候就会忽略它。奶奶见状就会细心的给它补上那份被故意忽略的关照。其他花儿们如期的绽放了，把它们最美丽的时刻奉献给了这个小院，整个院子争奇斗艳，只有那盆我不知道名字的花孤零零地守着这满院的芳华。

有一天，我像往常一样去奶奶家，刚进家门，映入眼帘的是一团热烈的红。奶奶笑盈盈地说：“虞美人开花了”。我走进小院中，凝视着它鲜红的花，说不清是像火那样热烈，还是像晚霞那样绝美。我凑上前细细地看它的花瓣，有一种独特的质感，好像轻柔得一触就会破，又似坚韧得不惧风雨。此时觉得它少了几分火的热烈，少了几分晚霞的凄美，多了几分柔韧，多了几分婀娜多姿。奶奶见我盯着花发呆，说道；“其实花如其人，人亦如花，花若没有完全准备好就赶着开放，会让人看过就罢了，还觉得俗气。如果一切都准备好了，不争，不抢，在刚好的时间，以最好的姿态绽放，就算是小花小草，也有它独特的夺目，让人一眼便记住。”奶奶的话在空气中萦绕着，久久不能散去。在这火红的颜色中，我记住了那盆高傲、任性的花的名字——虞美人。

后来我上学了，特别喜欢在诗句中感受李白的豪迈、李清照的细腻哀婉、岳元帅的一腔热血，为国尽忠……我真正领悟席慕蓉的“如何遇见你，在我最美丽的时刻”这一句诗，还是那一次登山。

那天早早地起了床，霜花凝在玻璃上，一缕阳光探进了我的房间，一切都似乎沐浴在薄雾之中，我无心欣赏这独特的景色，匆匆忙忙蹬着自行车出门了，如约到达山脚集合地。等到队伍集合完毕，便开始登山了。我一如既往的一马当先，走在队伍的最前面。行程大约过一半的时候，我眼角扫到一团明媚的黄色，我停住了脚步，记忆中好像也见过开得这么热烈的花呢，那花是红色的，对，就是那盆叫虞美人的花。这时我脑海中突然闪过西楚霸王项羽的诗‘虞兮虞兮奈若兮’，虞姬的美貌算得上倾国倾城了，那花，也真当得起‘虞美人’这称号吧。脑海中再次浮现奶奶当时说的话，慢下来，准备好再出发。我不禁放慢了前行的脚步，早春时节，阳光正好，鸟鸣声汇成一首悦耳的旋律盘旋在山间，林间的精灵——松鼠不时从我头顶跃过，一切都是最美丽的时刻。到了山顶，朋友打趣我说，竟让他们等了许久。我笑着说“暮春早树，美景百看不厌”。

我在这一瞬间才顿悟，什么才是“在最美的时刻遇见你”。此时，我要学会的是，在最美丽的时刻，遇见最好的自己。

有趣的作文课

梁耀中

今天我们上了一节有趣的作文课。在这个作文课上的老师让我们做一个游戏，游戏的名字叫：比一比，猜一猜。老师先把我们分成了三组，每组选出两个代表。因为我的胆怯，迟迟不敢举手，于是我就成了我们组的啦啦队员。

游戏开始了。先上台的是第一组同学，我认真的看着他们的比赛过程。其中一个学生抽到了一个“踢毽子”正当他信心十足的比画着时，竟一不小心把“踢”字说了出来，哎！真可惜，这一轮他们没有得分。在第二次抽的时候他们有了经验。通过动作和语言的描述，他们把第二次和第三次顺利地完成，最终第一组一共得了二十分。

接下来是我们组的同学上场。看见台上的同学，他们轻松的样子，我紧张的心情稍微平静了一下。我们组的两位同学三个词语很轻松地猜对了，我们组的实力真是太强了。接着是第三组，因为有了第一组和第二组的经验，所以呢，他们雄赳赳气昂昂走上了讲台。他们接连抽到了三个词语也是非常完美地猜出来。

这时候第二组和第三组就并列第一了。在不分上下的时候老师说“我们加一场比赛，由第一组的代表来描述，第二组和第三组的代表猜，哪一组先猜出来。哪一组获胜，”这时的气氛变得紧张起来了，大家你看我，我看你，谁上台呢，于是我自告奋勇地站了起来，我要为我们组赢得最重要的十分。当我踏上讲台的时候。我的心又开始紧张了，这时我看见同学们鼓励的眼光，目不转睛地看着我，我暗自鼓了鼓勇气，我一定要取得第一名。只听抽到卡片的同学说：“这个词语是三个字，他是我们在操场上经常玩的游戏。”这时，我看见他做了一个扔的动作，我在想是扔铅球还是扔沙包呢。算了蒙一个吧，不能让第三组的同学抢先我之前，于是我猜了一个扔沙包，第三组的同学猜了一个扔铅球。到底谁的对呢？正在我迫不及待地想知道答案的时候。老师公布了正确答案是“扔沙包”，台下响起了热烈的掌声，我们组终于获得了第一名。

今天的作文课，非常的有趣。我非常喜欢这样的作文课，我也轻轻松松地完成了作文。

我的物品有故事

刘钰乐

我有一个忠实的好伙伴，它已经与我做了三年朋友。它的样子可爱极了，在它那圆圆的脑袋上有一对耳朵和一双大大的眼睛，在大脑袋的下方有一个圆嘟嘟的身体，身体上是一个小钟表。猜猜看，是什么呢？没错，这就是我的宝贝小熊闹钟。

在它的小肚钟表上有十二个数字，这十二个数字颜色各不相同，一至七是彩虹色，八至十二是顺序相反的彩虹色。十二个数字和时针分针都能荧光，这样，晚上要看时间就不用打着手电筒了。刻度中间的指针不停地跑着，秒针爸爸是个急性子，跑得最快，分针哥哥跑得不快不慢，走一走就要停一会儿，时针弟弟是个慢性子，分针哥哥都跑了一圈了，他才跨出一小步。

每天六点四十分，小闹钟就会喊："懒虫起床，太阳晒屁股啦！"在睡梦中的我就会"扑哧"一笑："呀！醒了，起床吧！"

记得有一次都六点四十五了，它还不叫，还是妈妈将我唤醒的，小闹钟的时间还停留在十二点多！虽然我要迟到了，但是我还是不停地问妈妈："闹钟坏了吗？"在学校，我依然心神不宁。回到家，爸爸笑嘻嘻地说："小闹钟根本没坏，是电池用完了。"

这就是我的小熊闹钟！

家乡的田野

朱锦程

家乡的田野一望无际，像一片汪洋大海，记录了农民伯伯的生活：春种，夏忙，秋收，冬闲。

在春天，农民伯伯们在田野里播下种子，然后给它培土，给它浇水，给它施肥。农民伯伯们累得满头大汗，忙得不亦乐乎。我们小朋友看见了也会上去搭把手，做些力所能及的事。他们总是会忙到很晚才回家。

在夏天，农民伯伯在田野里插下秧苗。火辣辣的太阳炙烤着大地，在田野里耕作的农民伯伯更是挥汗如雨。但他们无怨无悔，依然辛勤地耕种着。他们把嫩绿的秧苗整整齐齐地插在了田野里，远远望去，仿佛给田野披上了一件绿色的风衣。

在秋天，农民伯伯在田野里收割稻麦。田野里一片丰收的景象，金黄的稻麦像一片金色的海洋，微风拂过，稻麦便在田野里载歌载舞，仿佛在庆祝丰收。农民伯伯们更是喜不自胜，脸上洋溢着幸福的笑容。他们忙碌着，说笑着，好不热闹。不止田野里丰收了，果园里也果实累累，一个个通红的苹果像一个个害羞的小脸蛋；橘子兄弟抱成一团不让别人把他们分开；小柿子像一个个小灯笼在果园里闪耀。

在冬天，一下雪，田野里一片银装素裹，寂静无声，偶尔会飞来几只觅食的鸟儿。农民伯伯们都在家里围着火炉谈笑风生，惬意极了。

这就是我家乡的田野！一年四季都有不同的景象！

笔

洪　韬

我是一支笔，有一天我突然有了魔力，可以变成任何一样东西，我当然不会错过这个机会。

我想变成一双筷子，因为我想尝遍天下的美食，我一下子来到日本的料理店里。我被一位公司经理拿了，他点了一桌好菜，我先尝一下味道，真的是美妙无比，垂涎欲滴，我舔了舔口水，再把食物送到他嘴里，当筷子真是幸福，天下美味先品尝。

我想变成一支笛子。因为笛子可以发出美妙的音乐。我不知不觉来到一位孤独的农村小朋友手上，他蹲在院子里细心慢慢地吹着，生怕吹错了每一个音调，没想到，我吹出的音乐真是太好听了，小朋友和我一起开心地笑了。

我想要变成自动扫把，因为这样可以帮助扫公路的老奶奶。说变就变，我飞到了一位老奶奶的手上，她拿着我轻轻松松地扫完了一整条公路，抚摸着我欣慰地笑了。

我想要变成双节棍，因为我可以帮助路边那一些卖艺的人赚到钱，帮助他减少生活的负担。一眨眼，我就飞到一个艺人手上，艺人拿着我，边跳边唱，围观了很多路人，因为有了双节棍的特色，他赚到了很多钱，连忙说："多亏了这双节棍"。

我看着有法力的自己帮助了这么多人，我着实为自己骄傲，我还想继续变，哪里需要我，我就到哪里去。

花　　生

杨钰宪

同学们，有一个东西，"黄屋子，红帐子，白娃娃躲在里面，你们知道是什么吗？"对了是——花生！花生虽然长得丑，但用处多多。

花生的壳十分粗糙，表面凹凸不平，许多条纹爬满了全身，交织在一起，黄色的，格子大小不一，坑坑洼洼的像田地。它有尖尖的嘴，用手一按，一下就张开了小嘴，好像在说："呀，你捏疼我了！"打开后，花生壳远看像小船，近看又像摇篮，侧面看还像一座小山坡呢。

花生壳里面的花生仁白白胖胖的，像一个大胖子圆嘟嘟的，又圆又香。一闻，口水哗哗地往下流，吃后让你回味无穷，意犹未尽！吃了还想吃，压根停不下来。花生好处多多，不仅含有丰富的营养物质，而且可以养胃、补血、抗衰老等，平日可以榨花生油，可以做花生酱、花生浆等美味好吃的食品。面对这么多用途却默默无闻的花生，让我不禁想起《落花生》那一课所说，花生不像桃子、石榴、苹果，把鲜红嫩绿的果实高高挂在枝头上，使人一见就生喜爱之心，而是把果实埋在地里，突出的正是花生默默无闻，无私奉献的精神。想到这里给了我很大的触动，多么像我们身边默默奉献的人啊！

花生是多么高尚呀！即使外表不怎么好看，也不张扬，但它把自己给了人们，为人们带来健康，花生精神太让人最敬佩了。它虽然长得丑，但是我喜欢它！

书

杨　颖

"记住，你们是吃饭长大的，也是读书长大的！"看着书中的这段话我深表认同，书与我们密不可分，书是我们的朋友。

每次放假，都是我和“好朋友”一起过的，她与我不离不弃，常伴身边，而且是一位智多星。你想知道我的“好朋友”是谁吗？对，它就是书。书中是另外一片世界，有欢乐，有伤心，有惊险……

有一次，放假的那天晚上我在姐姐家无聊死了。因为姐姐不喜欢看书，都没买书。正好我和城关的同学约好要去看书和买书，我到了书城，正在等我的同学。看着琳琅满目的书籍简直太吸引我了，仿佛在向我招手， 我慢慢地走进书城，看到许多人在认真地阅读书籍。我先去选择一本看起来最吸引我的书——《愿望树下的呼唤》。我找到座位，急忙打开书，安静、认真地读着书，我慢慢地好像融入故事里去了。我看到女主角落泪了，我伤心极了，我的眼泪也悄然落下。不知不觉的我已经看了三个钟头了，连约我的同学站在身边也没有发现，沉浸在书中的我都没有感到疲劳，而是很开心和充实。

我的“好朋友”是多么有趣，我希望你们也可以和他交朋友喔!

我最喜欢的折纸

张诗彤

我是一个喜欢折纸的姑娘。下课十分钟，我常会拿出来折，它是一张不大不小的纸，是正方形的，五颜六色，有很多张，它有一个特点，别的物品可能上、下、左、右两面都不一样，可它两面都一样，看着一样折出来却不一样，需要发挥你的想象和动手能力。

折纸陪伴了我童年，让我交到了朋友，记得一年级第一天，开学报到。来到新的环境，我对校园里一切事物充满了陌生感。这个学校很大，对于方向感很差的我无疑是一件苦恼的事情。幸好有折纸在我身边，每当我下课，我都会拿起纸来折就没那么孤单了，这不没几天，折纸让我的朋友多了。由于我长期折纸，一拿起纸就能折出任何东西。百合花、蝴蝶都不在话下，因此很多女生向我学习，我的朋友也渐渐多了很多。

还有一次班级举行跳蚤市场，每人都要拿出一样自己最喜欢的东西，我第一时间就想到了我的折纸作品。这时，犹豫的我很想拍卖又不想拍卖，因为我想拍卖出去让别人看一看我这宝贵的作品，也可以给班级争光，但想到折纸作品陪伴着我，凝聚了我很多心血和时间，就很舍不得。但我最终还是拍卖了，受到了大家的欢迎，虽然没了折纸作品，但给班级做贡献，我很开心越来越喜欢折纸了。

折纸在我孤独时陪伴着我，让我交了新朋友变得更快乐，它是我一生中的“好朋友”，我的生活已离不开的折纸了，我最喜欢的折纸。

立体的我

陈烜彬

我的名字叫烜彬，是石斋小学三年级（7）班的学生。

我的眼睛大大的，像是“千里眼”，炯炯有神很明亮，因为从远处都能清清楚楚地看到数字；我的耳朵像顺风耳，什么都逃不过我灵巧的小耳朵，因为隔壁房间一滴水滴下来的声音我都听得很清晰；我的鼻子像狗鼻子一样灵敏，因为我在楼梯下面就闻到了妈妈做的饭菜香味；我的嘴巴是停不下来的，每次吃到好东西，我的嘴巴不听使唤，快得像小旋风。

开心的我

我会因为考一百分开心地一蹦三尺高。我记得某天在路上，我看到一个人拿了很多东西，我们围过去准备帮忙，大家说："我们帮你分担点儿吧！"他很有信心地说："不用了，我可以的。"结果快到目的地时，他的东西掉了，他连忙抱住，左手接来右手掉，看到他滑稽的样子，我哈哈大笑，笑得直不起腰来，跑过去帮忙捡东西同样笑得前仰后合，眼泪都掉下来了。大家都疑惑极了，一点儿小事就笑成这样，笑点也太低了吧。

生气的我

今天早上放学，一些男生和女生留下来大扫除，我是其中一个。我们男生卖力地帮女生换水、提水、摆桌椅。突然，女生们对我们说："你们男生什么都不做！"我们男生生气地反驳道："难道我们没有帮你们换水、摆桌子吗？"女生们不说话了，私底下却嘀嘀咕咕地讨论着，我们异口同声地回答道："明人不说暗话。"

我很不开心，觉得受了委屈，气鼓鼓的，瞪着女生，一场大战即将开始了，我的眼里冒出火花，咬着牙齿，我在心里暗暗地骂她们：咬了吕洞宾，不懂好人心。心头即将爆发的小火山因为老师的到来而熄灭了，但我还是愤愤不平，十分生气。

除了开心的我、生气的我，还有乐观的我，自信的我，你喜欢多变的我吗?

小燕子捉虫记

陈欣妍

春天到了，有一座小村庄。那里解冻的小溪叮叮咚咚地流淌着，花儿香、树木茂盛，一大片的草地像绿毯似的，很美。

一户人家的屋檐下住着两只燕子。一只是燕妈妈，一只是小燕。有一天，燕妈妈给小燕子抓了一串虫子，小燕子吃了几口，趁妈妈不注意就把虫子扔到地上，妈妈见了就飞到地上把虫子捡起来，飞到鸟巢说："小燕，你怎么可以这样糟蹋粮食呢？"小燕子说："这些虫子我不稀罕。"燕妈妈听了，想了想说："现在你长大了，会飞了，要不你抓虫子给我吃吧！""好呀！"小燕子说完，就飞出去捉虫子了，正巧小燕子在捉虫子的时候遇到喜鹊大婶。喜鹊大婶问道："小燕子，你在干吗？"小燕子说："我在捉虫子呢！"喜鹊大婶说："你还小，我捉一串送给你吧！""好呀，好呀。"小燕子高兴地说。完成妈妈交代的任务后，小燕子可轻松了，它一会儿荡秋千，一会儿在小河边照镜子。

小燕子回家后，把手里的虫子交给了妈妈，燕妈妈发现这串虫子不是小燕子自己捉的，气愤地把虫子扔了，让小燕子自己捉虫去，听完批评，小燕子就飞出鸟巢，捉虫子去了。突然变天了，一只小虫子在小燕子面前出现，小燕子心头一喜，它像箭一样飞过去，为了捉到虫子，小燕子左躲右闪，紧追不舍，甚至落水了也立刻爬起来继续。小燕子经历过捕虫子才知道其中的不容易和妈妈的辛苦，于是它急急忙忙冲到家，把手里的虫子递给了妈妈，妈妈接过虫子，准备把虫子扔了。小燕子抱着妈妈说：“这真的是我自己捉的，捉虫子太不容易了，我都舍不得吃，求求你不要扔掉啊。”妈妈含着泪说：“我不是真的要扔，只是试探你，你终于长大了，明白粮食来之不易。”

作文王国灭妖记

蓝倚凯

这是一个美丽的作文王国。但是不久前，这里出现了许多老妖怪，如马虎怪、干巴巴怪、无中心怪等。因为它们的出现，让作文王国的人们写的作文都变得不出彩了。

很快，作文公主知道了这件事。于是，她就把这件事告诉了作文王国，作文王国说“女儿，你得赶紧去找勇士，勇士有尚方宝剑和药水。只有勇士才能打败那些老妖怪。”公主出发前作文王国补充说：“勇士住在七彩池里。”

作文公主开始去七彩池请勇士帮忙制服老妖怪。作文公主坐着马车，不分昼夜地去七彩池。作文公主一到七彩池就已经筋疲力尽，但公主顾不得休息，还是坚持进入七彩池。很快，作文公主就见到了勇士。作文公主哀求说：“勇士，你帮帮作文王国吧，作文王国里入侵了一些老妖怪，你有尚方宝剑和药水，只有你才能打败老妖怪。”勇士说：“你要协助我把七彩池的七种颜色聚集在一起：红、橙、黄、绿、青、蓝、紫，红色代表兴趣，橙色代表细心，黄色代表信心，绿色代表耐心、青色代表方法、蓝色是细致观察……这七种颜色混合起来合成七彩药水就能消灭老妖怪。”作文公主把七种颜色都拿下，勇士就放进混合机合成了七彩药水。

作文公主拿着七彩药水，坐着马车回到了作文王国。作文公主进入作文纸里，发现了许多老妖怪，就拿起七彩药水摔在地上发出七彩颜色，老妖怪就都被消灭了。

从此，作文王国的人们写作就变得多姿多彩。

登山的历程

彭伟强

山　脚

今天下午语文老师通知明天早上要考试了，我心里想：“考试真同登山一般呀，好累人呢！”今天晚上我不停地读，读到嗓子都冒烟了！尽管我嗓子都冒烟了，还是有几题没有攻克下来。于是，我用作业帮扫了一下，几秒钟呀，答案出来了。我用张小纸条写了上了答案，以防考卷上出现了这几题我不会，增加印象。接着我读着读着就睡着了。

山　腰

到了教室，同学们都在认真复习，准备考出好成绩来，想到我如果考出好成绩，那么妈妈肯定开心坏了，这时我内心一阵狂喜，比天上掉钱还开心。丁零零，试卷发下来了，我奋力地写着，竟然看到了昨天不会的那几道题。怎么办？我忘记过程了，昨天一知半解的，今天哭都来不及了。想来想去，我摸到了昨天藏在口袋里的纸条，要不要拿出来看答案，心跳很快，手摸着纸条都出汗了，好想拿出纸条看答案，有可能就满分了。我想起来老师说过的话：“成绩虽然重要，但还是有一个比成绩更重要的东西——诚信！”我想：满分下次可以再考出来，但诚信没了就没了，补不回来了。于是我把纸条揉了，下课铃响了，我也不懂自己怎么交的试卷。

山　顶

忐忑了好几天，要发试卷了，我心里就像装了一窝兔子，七上八下的，没想到九十六分！全班第二，即使不是全班第一，但我还是乐滋滋的，还好当时没看小纸条，要不然全班第一名我也开心不起来。

放学了，我蹦蹦跳跳回家了，此时云是可爱的，天是蓝的，草是绿油油的，一种前所未有过的惬意让人迷醉。

我爱睡觉的妈妈

洪佳昕

我的妈妈是中等身材，今年她大约是三十七岁。柳叶眉下长着一双炯炯有神的大眼睛，挺挺的鼻梁下有个樱桃般的小嘴，皮肤很白，但看起来有点儿憔悴。

我的妈妈特别爱睡觉，记得有一次，我正在房间里做周末作业，去上厕所的时候，看见了妈妈偷偷摸摸进了我的书房，拿起了一本叫《疯丫头杜真子》的书，再蹑手蹑脚地出来。躺在沙发上，把那本书盖在脸上，我以为她要看书，所以就没在意。然而，上完了厕所，我并没有看到她在认认真真地看书，而是听到了她睡觉的呼噜声。我走过去把书拿开，一看！她真的在睡觉，这时，爷爷回来了。我把事情一五一十地告诉了爷爷。我们两个一起喊：“太阳晒屁股了！”妈妈被我们两个的喊声给叫醒了。一脸困惑地说：“发……发生了什么事？”我和爷爷哈哈大笑起来！

她经常见缝插针地打瞌睡，有时是靠着椅子，有时候趴在桌上，感觉有时候她都眯着眼睛走路，一副没有睡醒的样子呢！

这就是我的妈妈，一个爱睡觉的妈妈！